... Títulos relacionados

IFCD0111 PROGRAMACIÓN EN LENGUAJES ESTRUCTURADOS DE APLICACIONES DE GESTIÓN

[OTROS TÍTULOS DISPONIBLES]

AF273873

IFCD0112 PROGRAMACIÓN CON LENGUAJES ORIENTADOS A OBJETOS Y BASES DE DATOS RELACIONALES

[OTROS TÍTULOS DISPONIBLES]

Solicítalos en:
- Librería
- www.paraninfo.es
- Solicitudes nacionales +34 914 463 350
- Solicitudes fuera de España +34 913 308 907, +34 913 308 919

Desarrollo de programas en el entorno de la base de datos

José Manuel Piñeiro Gómez

Diseño y maquetación: Ediciones Nobel, S. A.
Impresión: Liberdigital (Casarrubuelos, Madrid)

ISBN: 978-84-283-6393-8
Depósito legal: M-7434-2025

Impreso en España

Autor

José Manuel Piñeiro Gómez es ingeniero en Informática por la Universidad de Deusto y máster oficial en la Sociedad de la Información y el Conocimiento por la Universitat Oberta de Catalunya.

Desde el año 2000 es profesor de Enseñanza Secundaria por la especialidad de Informática, impartiendo docencia en ciclos formativos de FP. También ha trabajado como profesor asociado en el área de Lenguajes y Sistemas Informáticos en la Universidad Pública de Navarra y en la Universidad de Burgos, y como profesor colaborador en la Universitat Oberta de Catalunya. Trabaja como profesor-tutor en el centro asociado de la UNED en Pamplona. Tiene varias publicaciones en el mercado relacionadas con aspectos didácticos de la informática, las bases de datos y el desarrollo de *software*.

Índice

Introducción normativa

La Ley Orgánica 3/2022, de 31 de marzo, de ordenación e integración de la Formación Profesional, contiene una disposición derogatoria única que afecta a la regulación de los certificados de profesionalidad, ahora denominados **Certificados Profesionales**. La referida normativa deroga la Ley Orgánica 5/2002, de 19 de junio, de las Cualificaciones y de la Formación Profesional, y abre un escenario de cambios que se irán implementando progresivamente.

La Ley Orgánica 3/2022, de 31 de marzo, de ordenación e integración de la Formación Profesional implica que toda la formación es acumulable. La oferta formativa se estructura de forma escalonada, siendo los Certificados Profesionales un nivel intermedio (Grado C) de una escala que va desde el Grado A hasta el E.

En los artículos 35 a 38 de la Ley 3/2022 se describe en qué consisten estos Certificados Profesionales: su oferta, formación asociada, estructura, duración, acceso, titulación y validez. Posteriormente, esta normativa se completa con lo dispuesto en el Real Decreto 659/2023, de 18 de julio, que desarrolla la ordenación del sistema de Formación Profesional. Concretamente en los artículos 67 a 81 es donde se hace referencia a la oferta formativa de Grado C, correspondiente a los Certificados Profesionales.

Están agrupados en 26 familias profesionales con características comunes del sector. En la actualidad hay más de medio millar de Certificados Profesionales incluidos en el Repertorio Nacional. Esta cifra no deja de crecer. Además, cada certificado está específicamente regulado por un real decreto.

Un Certificado Profesional corresponde al Grado C de la oferta del Sistema de Formación Profesional. Es un documento oficial, con validez en todo el territorio nacional y debe constar en el Catálogo Nacional de Ofertas de Formación Profesional, que certifica la capacitación para el desarrollo de una actividad profesional.

Debe detallar los módulos profesionales superados y los estándares de competencia profesional asociados a él e incluidos en el **Catálogo Nacional de Estándares de Competencias Profesionales**, así como su correspondencia con el Marco Español de Cualificaciones.

Despliegan su validez en un doble ámbito, laboral y académico:

- En el contexto laboral tienen validez profesional, porque acreditan las competencias en una determinada profesión. Para poder trabajar en algunas profesiones, se exigen determinadas cualificaciones, y los certificados sirven para acreditarlas.

- Asimismo, tienen validez académica, puesto que permiten continuar un itinerario formativo siempre que se cumplan los requisitos de acceso para cursar la titulación deseada. De tal modo que, los Certificados Profesionales que sean parte de un Grado D permitirán la matrícula modular para completar los módulos establecidos en el currículo y obtener el correspondiente título de técnico básico, técnico o técnico superior con validez en todo el territorio nacional.

Para obtener un Certificado Profesional (Grado C) es preciso cumplir con los requisitos de acceso para realizar la formación.

Estructura de los Certificados Profesionales

I. Identificación: denominación, familia y área profesional a la que pertenecen; nivel de cualificación profesional (1, 2 o 3); cualificación profesional de referencia; entorno profesional y módulos formativos que esté previsto cursar junto con la duración de cada uno de ellos.

II. Perfil profesional: incluye las competencias profesionales requeridas en el mercado laboral. En todas ellas se concretan las realizaciones profesionales y los criterios de realización.

III. Formación: describe los módulos formativos que esté previsto cursar para adquirir las competencias requeridas. En cada uno de ellos se indican las capacidades que se pretende alcanzar y la duración del módulo de prácticas no laborales —PNL—, para el que cabe solicitar exención si se cumplen determinados requisitos.

IV. Prescripciones de las personas formadoras.

V. Requisitos mínimos de espacios, instalaciones y equipamiento.

Los Certificados Profesionales se identifican con una denominación concreta y un código alfanumérico propio, y sirven para acreditar una determinada cualificación profesional. Cada certificado está asociado a una relación de unidades de competencia que, a su vez, se vinculan con una serie de módulos formativos específicos. Algunos módulos están integrados por unidades formativas y tanto unos como otras son, en ocasiones, transversales, lo que significa que se trata de contenidos incluidos en más de un Certificado Profesional.

Los Certificados Profesionales se articulan en tres niveles de competencia profesional (1, 2 y 3) conforme a lo dispuesto en el que será el Catálogo Nacional de Estándares de Competencias Profesionales, anteriormente Catálogo Nacional de Cualificaciones Profesionales (CNCP), según los criterios establecidos de conocimientos, iniciativa, autonomía y complejidad de las tareas, en cada una de las ofertas de Formación Profesional.

La oferta formativa dirigida a la obtención de los Certificados Profesionales tiene carácter modular para favorecer la acreditación parcial acumulable de la formación recibida y posibilitar así el avance en el itinerario de Formación Profesional para cualquiera que sea la situación laboral de cada persona en cada momento.

En definitiva, el Grado C constituye la oferta, parcial y acumulable, del sistema de Formación Profesional, de varios módulos profesionales del catálogo modular de Formación Profesional por razón de su significado en el mercado laboral y conducente a la obtención de un Certificado Profesional.

Las ofertas de Grado C de Formación Profesional tendrán por objeto módulos profesionales incluidos previamente en el catálogo modular de formación profesional y asociados al Catálogo Nacional de Estándares de Competencias Profesionales.

Finalidad de los Certificados Profesionales

- Contribuir a la ordenación de un Sistema de Formación Profesional al servicio de un régimen de formación y acompañamiento profesionales que sea capaz de responder con flexibilidad a los intereses, expectativas y aspiraciones de cualificación profesional de las personas a lo largo de su vida.

- Combinar escuela y empresa situando a la persona en el centro del sistema.

- Facilitar el aprendizaje permanente de toda la ciudadanía mediante una formación abierta, flexible y accesible, estructurada de forma modular, a través de la oferta formativa asociada al certificado.

- Acreditar las cualificaciones profesionales o las unidades de competencia recogidas en estas, independientemente de su vía de adquisición, bien sea través de la vía formativa, o mediante la experiencia laboral o vías no formales de formación.

- Favorecer, tanto a nivel nacional como europeo, la transparencia del mercado de trabajo.

- Contribuir a la calidad de la oferta de Formación Profesional.

Este libro

El presente libro desarrolla la Unidad Formativa denominada "Desarrollo de programas en el entorno de la base de datos", UF2177.

Dicha unidad formativa es transversal y está asociada a la Unidad de Competencia UC0226_3, forma parte del Módulo Formativo MF0226_3: Programación de bases de datos relacionales, perteneciente a las Cualifi caciones Profesionales de referencia IFC155_3 e IFC080_3, de nivel 3, incluidas en los Certificados de Profesionalidad denominados IFCD0111 Programación en lenguajes estructurados de aplicaciones de gestión, así como IFCD0112 Programación con lenguajes orientados a objetos y bases de datos relacionales, ambos dentro de la familia profesional Informática y Comunicaciones.

Según el Real Decreto 1376/2009, de 28 de agosto, modificado por el RD 628/2013, de 2 de agosto, los contenidos que en esta obra se recogen se corresponden con una duración de 80 horas.

Tanto la estructura como el desarrollo del libro se ajustan al citado Real Decreto y más concretamente a los contenidos de la Unidad Formativa que le da título "Definición y manipulación de datos".

Contenidos

1. Lenguajes de programación de bases de datos
   - Entornos de desarrollo:
     — Qué es un entorno de desarrollo.
     — Componentes.
     — Lenguajes que soportan.
     — Entornos de desarrollo en el entorno de la base de datos.
   - La sintaxis del lenguaje de programación:
     — Variables.
     — Tipos de datos.
     — Estructuras de control.
     — Librerías de funciones.
   - Programación de módulos de manipulación de la base de datos: paquetes, procedimientos y funciones.
   - Herramientas de depuración y control de código.

- Herramientas gráficas de desarrollo integradas en la base de datos:
  — Creación de formularios.
  — Creación de informes.
- Técnicas para el control de la ejecución de transacciones.
- Optimización de consultas.

■ Nota del Editor

En Ediciones Paraninfo estamos comprometidos con la calidad de la formación e intentamos que nuestros materiales respondan fielmente y con rigor a las necesidades de todos cuantos confían en nuestro sello editorial.

Tratamos de dar respuesta a los currículos de las unidades formativas y de los módulos que integran los distintos Certificados Profesionales, equilibrando la parte teórica con la práctica para que los procesos de aprendizaje se conviertan en experiencias gratificantes, tanto para docentes como para las personas inmersas en los procesos formativos.

Nuestros objetivos son contribuir de forma decisiva a afianzar aprendizajes, ayudar a adquirir destrezas que tengan significado para el empleo y conseguir potenciar el desarrollo personal.

Para lograrlo contamos con excelentes autores, expertos en las materias que abordan, en la mayoría de los casos docentes de dichas especialidades con dilatada experiencia tanto profesional como académica, porque buscamos perfiles familiarizados con los contextos laborales concretos a los que se refieren nuestros manuales.

Confiamos en poder serte de ayuda y esperamos tus impresiones acerca de nuestro trabajo. Sean positivas o negativas, serán muy bien recibidas y, sin duda, nos ayudarán a seguir mejorando y trabajando con ilusión para continuar siendo un referente en formación para el empleo.

Agradecemos tu confianza en nuestros manuales. Todo nuestro equipo queda a tu total disposición. Puedes contactar con nosotros en esta dirección de correo electrónico:

info@paraninfo.es

1. Lenguajes de programación de bases de datos

Contenido

1.1. Entornos de desarrollo

En este primer apartado vamos a estudiar qué es un entorno de desarrollo, los componentes de que consta y qué lenguajes soportan y aprenderemos a instalar y hacer uso del entorno de desarrollo Eclipse.

1.1.1. Qué es un entorno de desarrollo

Un entorno de desarrollo de *software* o entorno integrado de desarrollo (IDE, *Integrated Development Environment*) es una combinación de herramientas que automatiza o soporta una gran parte de las tareas o fases del desarrollo de *software*: análisis, diseño, programación, pruebas y mantenimiento. Las herramientas deben estar bien integradas, pudiendo interoperar unas con otras. Las actividades mejor soportadas por los entornos de desarrollo son aquellas centrales del desarrollo de *software*: programación y pruebas.

El objetivo del empleo de los entornos de desarrollo es simplificar las tareas de creación de programas. Hemos de tener en cuenta que en las primeras etapas de la informática la creación de programas se realizaba mediante la siguiente cadena de operaciones para un lenguaje procesado mediante compilador:

1.º Se crea el programa fuente mediante el empleo de un editor, como el bloc de notas. El código fuente de un programa está compuesto por instrucciones escritas en un determinado lenguaje de programación.

2.º Se comprueba la corrección del programa mediante un compilador, que se encarga de comprobar que el programa está escrito siguiendo la sintaxis del lenguaje de programación determinado y se encarga de generar el correspondiente código objeto o programa objeto.

3.º El código objeto todavía no es directamente ejecutable por el ordenador, sino que es necesario enlazarlo con una serie de rutinas y librerías mediante lo que se llama el montador (*linker*).

4.º Como resultado se obtiene el código o programa ejecutable, que ya puede ser ejecutado por la máquina.

Adicionalmente, en algunos casos era preciso emplear un depurador (*debugger*) para ayudar en la corrección de errores detectados en el código fuente.

Pues bien, en las primeras etapas de la informática cada una de las herramientas que se han mencionado (editor, compilador, montador y depurador) debía invocarse manualmente por separado, lo que hacía que la creación de programas fuese una tarea tediosa y costosa.

Por el contrario, un entorno de desarrollo combina herramientas como estas, mejoradas y mejor integradas. De esta forma se pueden realizar todas estas tareas conjuntamente sin tener que recurrir a herramientas independientes para la realización de cada una de ellas. Además, presenta otras ventajas, como las siguientes:

- El editor ya no es un simple editor de textos, sino que tiene una clara orientación al lenguaje de programación empleado, ya que reconoce y maneja determinados elementos sintácticos, por ejemplo, marcando en colores diversos diferentes elementos del lenguaje de programación.

- El editor está bien integrado con las demás herramientas, así, por ejemplo, se posiciona directamente en los puntos del código fuente en los que hay errores de compilación o que se están ejecutando con el depurador en un momento dado.

1.1.2. Componentes de un entorno de desarrollo

Se indican, a continuación, los componentes de que consta todo entorno de desarrollo:

- Editor de textos: es el componente que permite escribir el código fuente del programa. Incluye funciones propias de la edición, como copiar, pegar, buscar, etc. El editor no es tan simple como un bloc de notas, sino que está orientado al lenguaje de programación correspondiente, reconociendo y resaltando con colores diversos determinados elementos del programa, como variables, palabras reservadas, etc.

- Compilador: es el componente encargado de traducir el código fuente escrito siguiendo las normas de un determinado lenguaje de programación en el lenguaje máquina que pueda ser ejecutado por el ordenador. Este proceso de traducción recibe el nombre de compilación.

- Intérprete: un intérprete transforma código fuente en código máquina, pero realiza esta tarea de manera diferente a un compilador. Así, los compiladores son traductores que realizan su tarea globalmente, de forma que en un único proceso se analiza todo el programa fuente, se genera el código objeto correspondiente y se almacena el resultado. Una vez realizada la traducción y almacenado el programa máquina, este se puede ejecutar tantas veces como se quiera sin tener que volver a traducir. Sin embargo, los intérpretes son traductores que simultanean el proceso de traducción y el de ejecución. Su forma de trabajo es ir analizando bloques del programa fuente, generando el código máquina correspondiente, y ejecutándolo. Este proceso se realiza con todos los bloques hasta que acaba el programa. En la etapa de ejecución simplemente se pasa el control al código objeto generado y se espera hasta que este termine. De este modo, cada fragmento de programa objeto solo es almacenado provisionalmente, mientras se espera a que finalice su ejecución.

- Depurador (*debugger*): es una herramienta que facilita la tarea de depuración, que consiste en la corrección de errores de un programa durante la fase de pruebas. El depurador permite ejecutar el código fuente, instrucción a instrucción, examinando los valores que van tomando las variables utilizadas por el programa, lo que puede ayudar enormemente al programador en la localización y corrección de errores. Además, permite establecer puntos de ruptura, que son lugares concretos del código fuente en los que se desea detener la ejecución del programa para examinar en ese punto la situación del programa y/o ejecutar a partir de ese punto el programa paso a paso.

Algunos entornos de desarrollo también incorporan los siguientes componentes adicionales:

- Constructor de interfaz gráfica: este componente facilita la creación de programas con interfaces gráficas de usuario (GUI, *Graphical User Interface*), permitiendo al programador colocar controles (cuadros de texto, etiquetas, botones, casillas de verificación, listas, menús, etc.) en un formulario empleando un editor WYSIWYG (*What You See Is What You Get*) de arrastrar y soltar.

- Ejecución automática de pruebas: este componente ayuda en la realización de pruebas unitarias sobre el código fuente. Así, el entorno Eclipse incluye una herramienta llamada JUnit para realizar pruebas unitarias automatizadas.

- Control de versiones: este componente permite controlar los cambios que se van realizando sobre los programas, obteniéndose de esta forma diferentes versiones de la misma aplicación.

- Generador de documentación: la documentación es esencial en todo proyecto de desarrollo de *software*. De hecho, todos los productos de las fases previas a la programación (análisis y diseño) son documentos. En los entornos de desarrollo también existen generadores de documentación utilizables durante la fase de programación, como Javadoc, que es una utilidad de Java que sirve para extraer y generar documentación directamente del código fuente en formato HTML.

- Optimizador de código: la optimización del código fuente se suele conocer como refactorización, que supone la realización de modificaciones sobre el código fuente con el fin de mejorar su estructura interna sin que ello afecte a su comportamiento externo. El objetivo de la refactorización es simplificar y clarificar el código fuente con el fin de que la realización de modificaciones posteriores sobre el mismo sea más sencilla.

1.1.3. Lenguajes que soportan

Actualmente existe en el mercado una gran cantidad de entornos de desarrollo, algunos de los cuales son *software* libre (gratuitos), mientras que otros requieren un pago por parte del usuario.

Entre los entornos de desarrollo de *software* libre más importantes, se encuentran Eclipse y NetBeans.

Eclipse está pensado para trabajar con el lenguaje orientado a objetos Java, por lo que tras su instalación es posible crear programas en Java, pero también escribir programas en C/C++, Python, PHP, Ruby, Perl, Groovy, Scala, JavaScript y Go. Además, hay módulos o *plugins* disponibles para agregar soporte para otros lenguajes de programación.

En cuanto a NetBeans, en el momento de su instalación ya es posible seleccionar no solo Java como lenguaje de programación soportado, sino también C/C++ y PHP. Por medio de la instalación de *plugins* también es posible programar en Ruby, Phyton, Ada, Perl, JSP, Haskell, Yacc, etc.

1.1.4. Instalación y uso del IDE Eclipse

Existen muchos entornos de desarrollo disponibles hoy en día. En este caso se ha elegido un entorno de desarrollo para poder crear programas en Java. El hecho de que Oracle ponga a disposición gratuita el JDK de Java y otras descargas ha permitido aflorar un buen número de aplicaciones de apoyo a los desarrolladores, incluyendo entornos de desarrollo como Eclipse, NetBeans, JBuilder, JDeveloper, BlueJ, etc.

Nos vamos a decantar por un entorno de código abierto y gratuito, concretamente, Eclipse. El *software* de código abierto es *software* cuyo código fuente está a disposición del dominio público y, por tanto, puede ser utilizado, cambiado e incluso redistribuido. Sin embargo, el *software* de código cerrado se caracteriza porque el código fuente del producto no está a disposición del público en general.

Pues bien, para crear programas en Java, independientemente de que se use o no un IDE, es necesario instalar el equipo de desarrollo de Java, conocido de manera abreviada como JDK (Java Development Kit), con el que viene también incorporado el entorno en tiempo de ejecución de Java, conocido como JRE (Java Runtime Environment):

- El JDK es un *software* que proporciona herramientas de desarrollo para la creación de programas en Java, entre ellas un compilador llamado *javac*.

- El JRE está formado por un conjunto de utilidades que permite la ejecución de programas escritos en Java. Este entorno está formado por una máquina virtual de Java (JVM), un conjunto de bibliotecas Java y otros componentes necesarios para que una aplicación escrita en lenguaje Java pueda ser ejecutada. La JVM es lo que se conoce como una máquina virtual de proceso, cuyo objetivo es permitir que un programa se ejecute de igual forma en cualquier plataforma, proporcionando un entorno de ejecución independiente del *hardware* y del sistema operativo, y ocultando los detalles de la plataforma subyacente. La ventaja de cualquier máquina virtual de proceso, como la JVM, es que dota de portabilidad al lenguaje, de manera que un programa compilado en Java se puede ejecutar en cualquier plataforma. Esto se debe a que un programa escrito en Java no es ejecutado por el procesador del ordenador, sino por la JVM.

El JDK y el JRE de Java se instalan conjuntamente. Para ello se accede a la página web: https://www.oracle.com/es/java/technologies/downloads/. La última versión disponible en el momento de escribir este libro es la 22 (Figura 1.1).

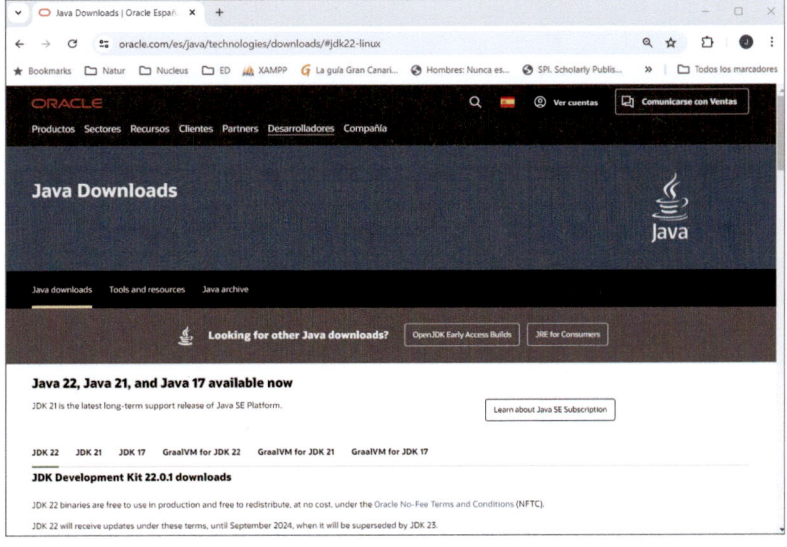

Figura 1.1. Descarga del JDK de Java.

En esta página, como se puede observar, hay pestañas para seleccionar el sistema operativo del equipo en el que se desea realizar la instalación (Linux, macOS o Windows). Debemos hacer clic en la pestaña que nos interese. Aquí se va a seleccionar el sistema operativo Windows. Como se puede observar, en la siguiente pantalla hay que hacer clic en el enlace correspondiente al producto que se desea descargar. Se puede descargar un archivo comprimido, un instalador MSI (por sus siglas en inglés, Microsoft Installer, conocido ahora como Windows Installer) o un instalador .exe. En el ejemplo, se elige el instalador MSI.

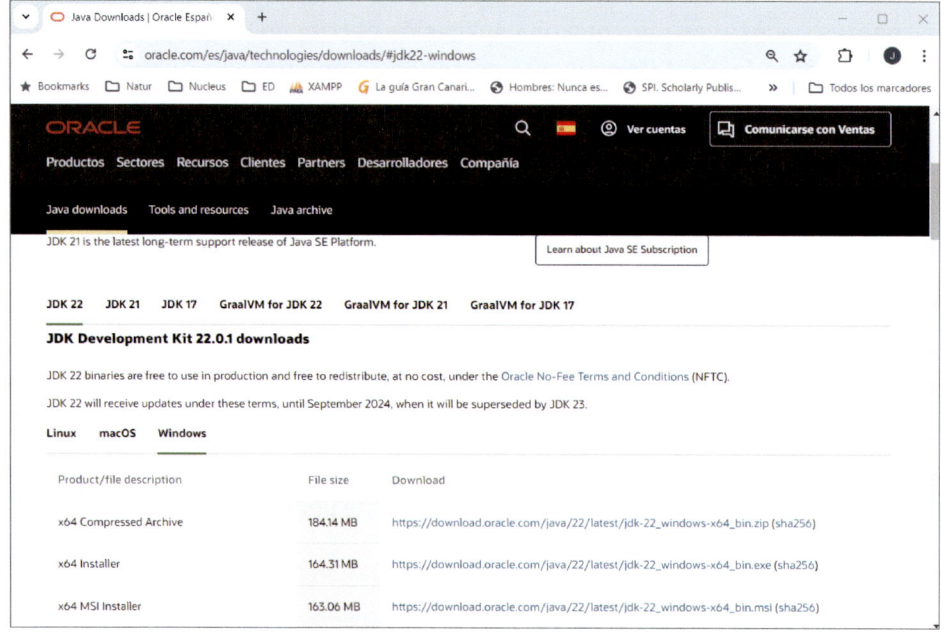

Figura 1.2. Descargas del JDK disponibles para Windows.

Entonces se procede a la descarga del archivo jdk-22_windows-x64_bin.msi. Una vez realizada la descarga, haciendo doble clic sobre el fichero descargado, procederemos a su instalación. La instalación no presenta ningún problema y para ella elegiremos todas las opciones por defecto.

Una vez instalados el JDK y el JRE de Java, ya es posible crear nuestros programas Java sin utilizar ningún IDE o mediante el empleo de un IDE, como Eclipse.

Ahora comencemos con la instalación de Eclipse. Pues bien, las versiones de Eclipse disponibles se encuentran en la página web: http://www.eclipse.org/downloads/ (Figura 1.3).

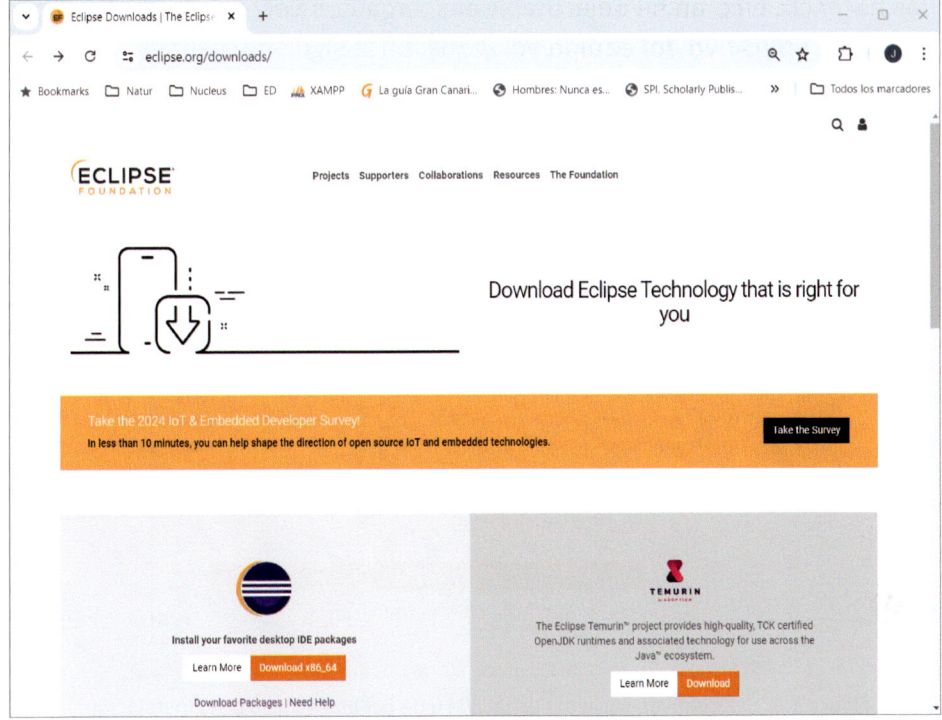

Figura 1.3. Página web para descarga de Eclipse I.

Haremos clic en el botón de color naranja de la parte inferior con el texto *Download x86_64*. En la siguiente página se procederá a la descarga de Eclipse al hacer clic en el botón *Download* (Figura 1.4).

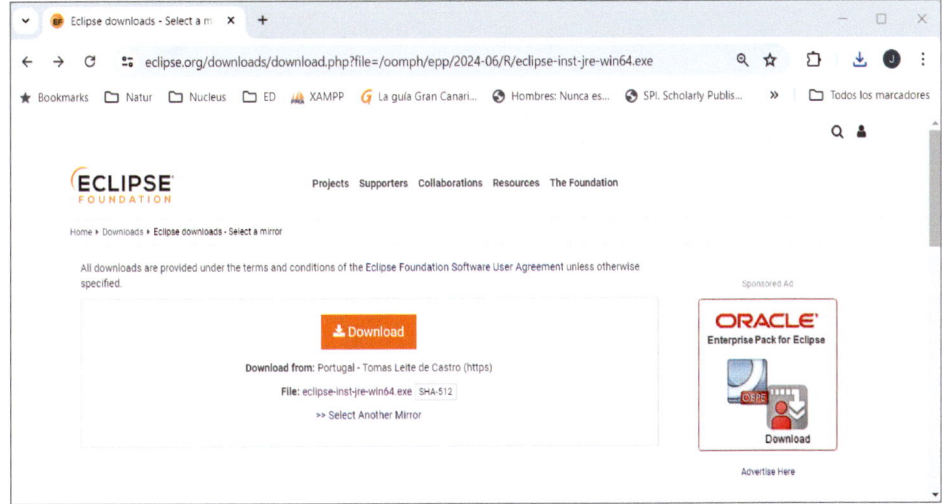

Figura 1.4. Página web para descarga de Eclipse II.

Tras hacer clic en el archivo ejecutable descargado, seleccionaremos la primera opción (*Eclipse IDE for Java Developers*). En la siguiente pantalla podemos modificar la carpeta en la que se encuentra la máquina virtual de Java (JVM) y la carpeta en la que deseamos realizar la instalación (Figura 1.5).

Figura 1.5. Selección de carpetas de la JVM y de Eclipse e inicio de la instalación.

Lo habitual es que sean válidas las rutas propuestas. Pues bien, al hacer clic en el botón INSTALL, comenzará la instalación, al inicio de la cual se nos solicitará aceptar el acuerdo de licencia. Una vez finalizada la instalación, nos aparecerá una pantalla como la de la Figura 1.6, en la que podemos hacer clic en el botón LAUNCH para iniciar el IDE por primera vez.

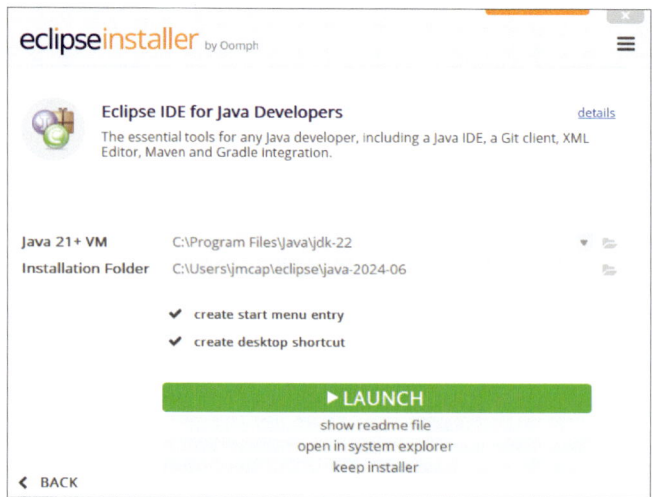

Figura 1.6. Pantalla que se muestra al finalizar la instalación de Eclipse.

Creación de programas en Eclipse

Una de las funciones que debe incorporar todo entorno de desarrollo es la de permitir la escritura del código fuente de un programa y la generación de archivos ejecutables. Pues bien, vamos a ver cómo crear programas en Java con el IDE Eclipse.

Al acceder al IDE Eclipse, lo primero que nos pedirá será el nombre y ubicación del espacio de trabajo (workspace) en el que deseamos almacenar nuestros proyectos (Figura 1.7). Si la ruta que se nos propone no nos interesa, la podemos modificar escribiéndola directamente o haciendo clic en el botón *Browse* para navegar por la estructura de carpetas de nuestro equipo. Después, haremos clic en el botón *Launch*.

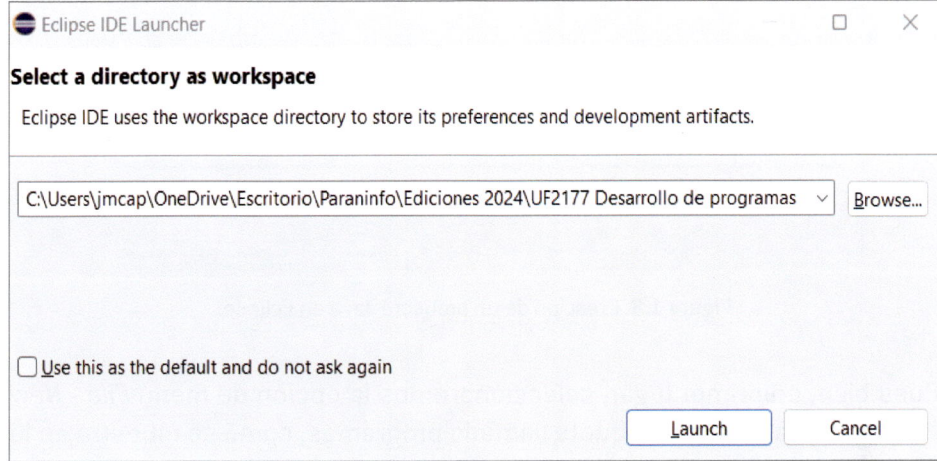

Figura 1.7. Elección del espacio de trabajo para Eclipse.

Tras cerrar la pantalla de bienvenida que aparece a continuación, hay que hacer clic en el botón *Hide* y para empezar a trabajar con Eclipse es necesario crear un proyecto. Pues bien, seleccionaremos la opción de menú *File - New - Java Project*. Deberemos asignar un nombre al proyecto (pondremos *Ejercicios* como nombre en la pantalla de la Figura 1.8) y haremos clic en el botón *Finish*.

Una vez creado el proyecto, tenemos varias opciones. Puede que deseemos crear paquetes dentro de nuestro proyecto para englobar diversas clases. Para crear un paquete deberemos seleccionar la opción de menú *File - New Package*. Por su parte, para crear clases en el proyecto en el paquete por defecto, o en el paquete que hayamos creado, deberemos seleccionar la opción de menú *File - New Class*.

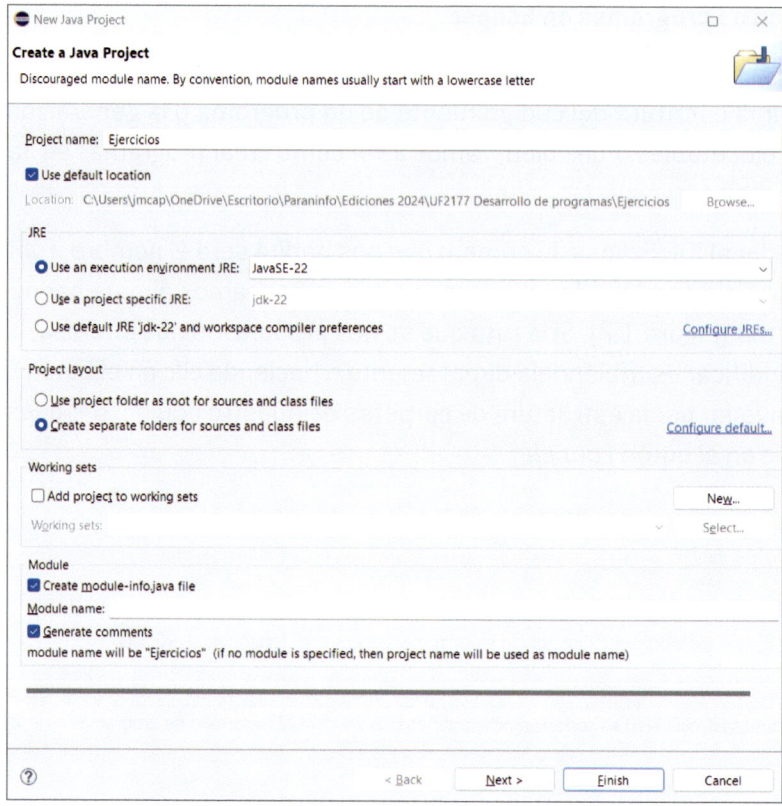

Figura 1.8. Creación de un proyecto Java en Eclipse.

Pues bien, en primer lugar, seleccionaremos la opción de menú *File - New Package* para crear un paquete llamado programas, como se muestra en la Figura 1.9. Asignamos un nombre al paquete y hacemos clic en el botón *Finish*:

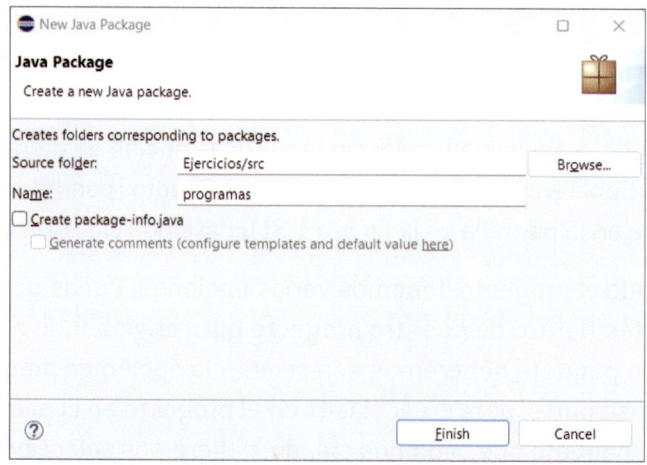

Figura 1.9. Creación de un paquete dentro de un proyecto Java.

A continuación, seleccionaremos la opción de menú *File - New Class* para crear una clase. En la pantalla que aparece deberemos indicar el paquete en el que deseamos ubicar la clase, su nombre y también podemos seleccionar diferentes opciones interesantes, como, por ejemplo, que se cree un método *main* para la clase que estamos creando o que se generen comentarios (Figura 1.10):

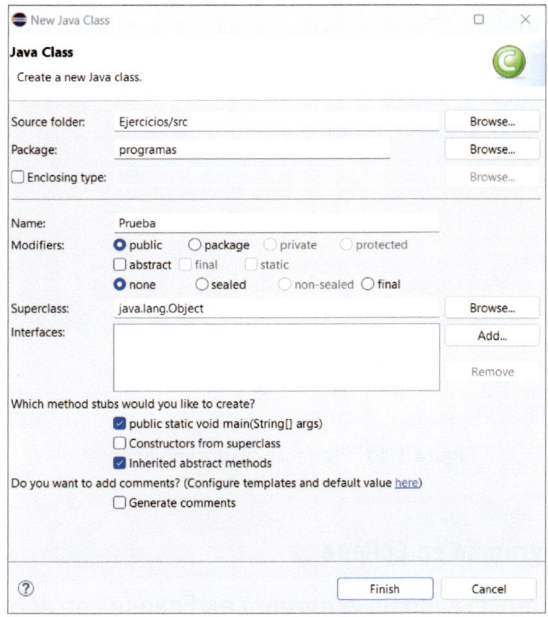

Figura 1.10. Creación de una clase.

Tras hacer clic en el botón *Finish*, se crea la clase y nos aparece una pantalla, como la que se muestra en la Figura 1.11. En esta pantalla se pueden distinguir las siguientes zonas:

- Área de proyectos (Package Explorer), en la parte izquierda: se puede navegar por todos los proyectos del espacio de trabajo y por los elementos que los componen.

- Área de edición, en la parte central: en esta zona se puede escribir el código fuente de los programas. En este código el texto aparece resaltado en diferentes colores; así, por ejemplo, las palabras clave del lenguaje aparecen en color morado. Si se escribe una instrucción errónea, el editor la señaliza subrayando en color rojo lo erróneo y marcando la línea con una x con fondo de color rojo.

- *Outline*, en la parte derecha: se muestra el esquema de la clase cuyo código se está editando, permitiendo acceder de manera más rápida a sus métodos y atributos.

- Consola Java, en la parte inferior: se muestra el resultado de la ejecución de los programas o los errores de ejecución, en su caso.

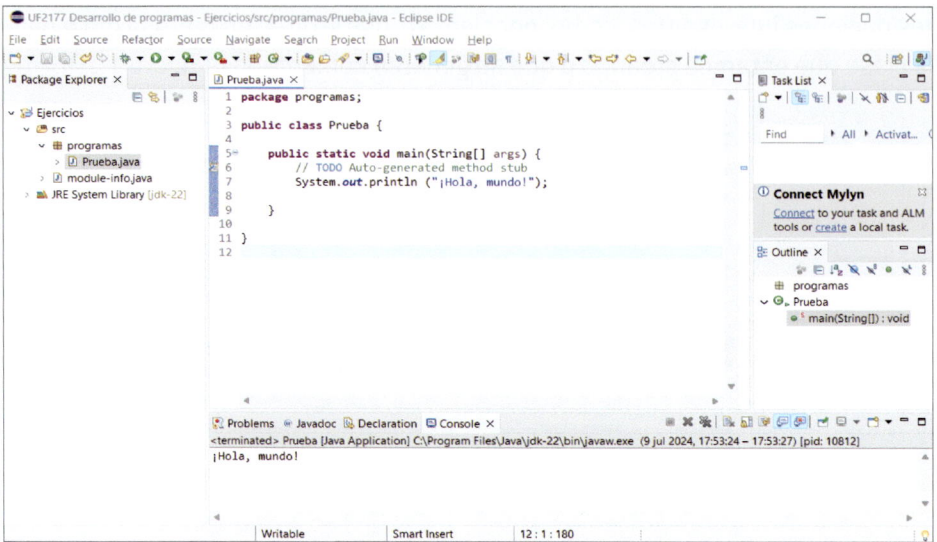

Figura 1.11. Proyecto abierto en Eclipse.

Ejecución de programas en Eclipse

Una vez que se haya creado un programa en Eclipse con al menos una clase, ya es posible ejecutarlo, para lo que se debe mostrar en pantalla la clase cuyo código se desea ejecutar y realizar una de las siguientes acciones:

- Seleccionar la clase en cuestión en el explorador del proyecto (parte izquierda de la pantalla), hacer clic en el botón derecho del ratón y elegir del menú contextual la opción *Run As – Java Application*.

- Hacer clic en la opción de menú *Run – Run*.

- Hacer clic en el icono ⊙ .

En la consola (parte inferior), se muestra el resultado de la ejecución; en este caso, el mensaje «¡Hola, mundo!», como se puede observar en la Figura 1.11.

Por cada proyecto que creemos en Eclipse se genera dentro de la carpeta que hemos asignado al workspace una carpeta con el nombre asignado al proyecto. Dentro de esta habrá a su vez dos carpetas de interés:

- La carpeta *src*, que contendrá los ficheros con el código fuente Java correspondientes a cada una de las clases que contiene la aplicación que se está creando. En esta carpeta habrá otra por cada paquete (si se han creado) y dentro de estas, un archivo de tipo texto con extensión .java por cada clase.

- La carpeta *bin*, que contendrá los ficheros con las clases objeto. En esta carpeta *bin* hay, al igual que en *src*, otra por cada paquete (si se han creado) y dentro de estas, un archivo con extensión .class por cada clase.

Instalación y desinstalación de módulos (*plugins*) en Eclipse

Dado un entorno de desarrollo, se pueden instalar en él módulos o *plugins* adicionales para la realización de tareas que no vengan incorporadas en la versión instalada.

Se pueden consultar los módulos instalados y los disponibles en Eclipse seleccionando la opción de menú *Help – Eclipse Marketplace*. Se muestra entonces una pantalla, como la de la Figura 1.12, con diversas pestañas. La pestaña *Search* se usa para la búsqueda de nuevos módulos, mientras que en *Installed* aparecen los módulos instalados para su actualización o desinstalación.

Para instalar un módulo con el fin de poder crear en Eclipse aplicaciones con interfaces gráficas de usuario, se puede escribir *WindowBuilder* en el cuadro de texto que hay a la derecha de la palabra *Find*. *WindowBuilder* es el módulo que permite incorporar Swing a un programa Java. Swing es una librería que permite crear aplicaciones con interfaces gráficas de usuario en Java. Una vez escrito, se pulsa *Go* a la derecha y aparece, como se observa en la Figura 1.12, el módulo *WindowBuilder Current*. Seguidamente, se clica sobre el botón *Install* correspondiente a este módulo.

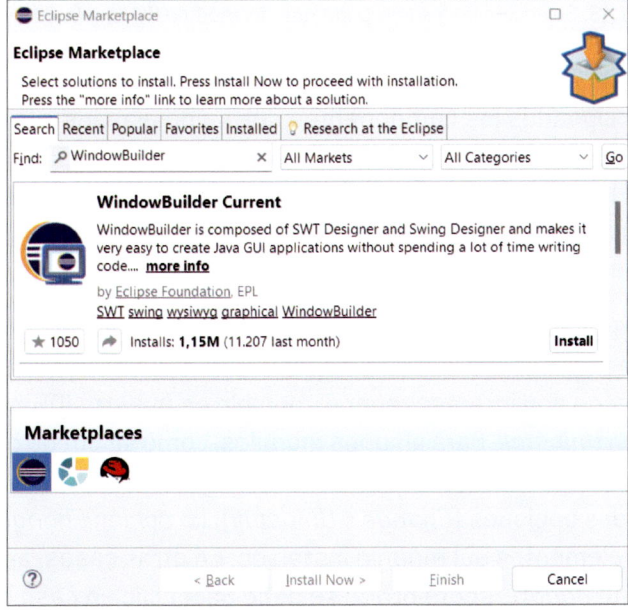

Figura 1.12. Búsqueda del módulo *WindowBuilder*.

A continuación, aparece una ventana con los elementos del módulo que se va a instalar (Figura 1.13), de entre los cuales se puede seleccionar solo algunos o todos ellos.

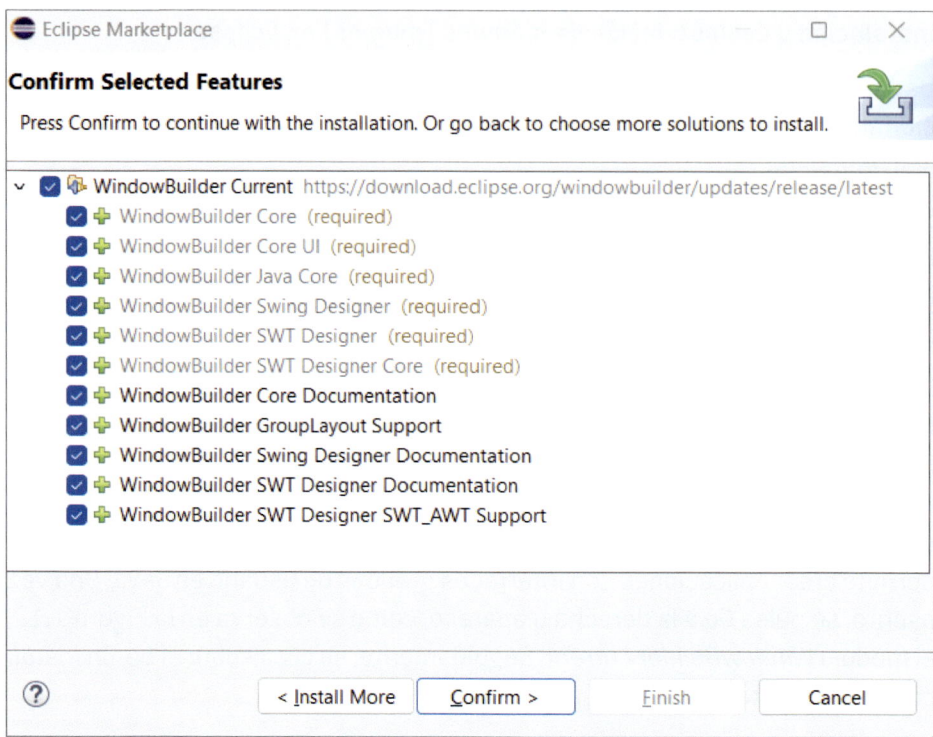

Figura 1.13. Selección de los componentes del módulo *WindowBuilder Current* que se desean instalar.

Una vez seleccionados los componentes que se desean instalar, se debe hacer clic en el botón *Confirm* y aceptar el acuerdo de licencia en la siguiente pantalla, tras lo cual se procederá a la instalación en segundo plano. Al finalizar la instalación, se nos pedirá reiniciar Eclipse para que tenga efecto la actualización del *software*.

Una vez que se ha procedido a la instalación de un módulo en Eclipse, este aparece en la pestaña *Installed* de *Eclipse Marketplace*. Para desinstalar un módulo que ya no nos interese tener disponible en nuestro IDE, se debe hacer clic en el botón *Uninstall*. Para algunos módulos, como se puede observar en la Figura 1.14, aparece un botón con el texto *Change*. Si se despliega este botón, se muestran dos opciones (*Change* o *Uninstall*). La opción *Change* se usa para modificar los elementos del módulo instalado. En otros casos, aparece un botón con el texto *Update*, sobre el que se debe hacer clic en caso de que se desee actualizar el módulo.

Figura 1.14.: Módulos instalados en Eclipse.

1.2. Entornos de desarrollo en el entorno de la base de datos

Como esta obra está dedicada al desarrollo de programas en el ámbito de las bases de datos, lo primero que deberemos hacer es instalar un sistema gestor de bases de datos (SGBD) determinado. Un SGBD es un conjunto de programas que posibilitan trabajar con una base de datos.

De entre los sistemas gestores de bases de datos disponibles hoy en día se ha optado por PostgreSQL, que es considerado el SGBD de *software* libre más potente y fidedigno con los estándares.

1.2.1. pgAdmin

El entorno pgAdmin es visual, al que se tiene acceso tras instalar el SGBD PostgreSQL, por lo que se va a realizar dicha instalación.

Podemos descargar PostgreSQL desde su página oficial (https://www.postgresql.org) haciendo clic en el enlace *Download* que aparece en dicha página, como se muestra en la Figura 1.15.

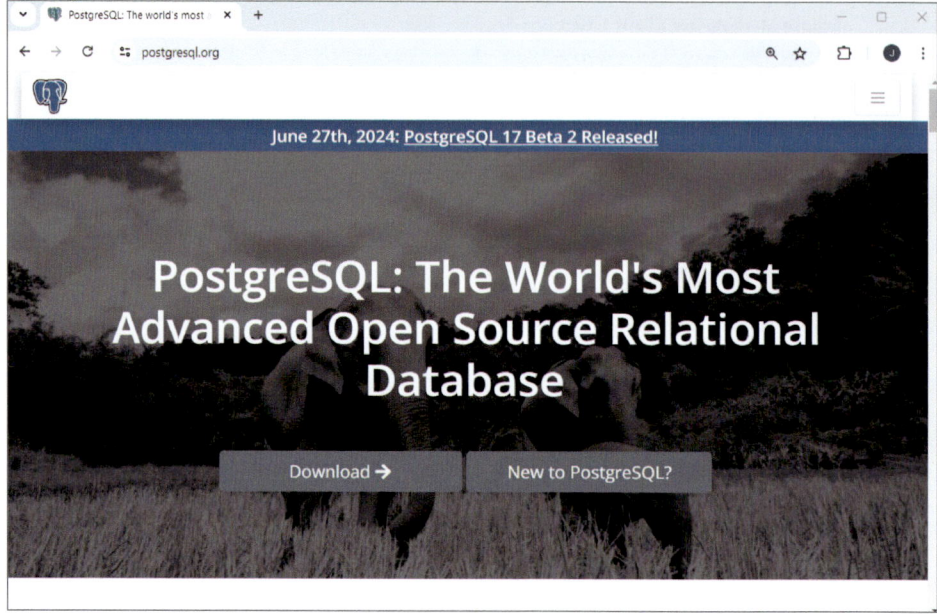

Figura 1.15. Página oficial de PostgreSQL.

Seleccionamos el sistema operativo Windows y en la siguiente pantalla debemos hacer clic en el enlace *Download the installer* que aparece en la primera línea del primer párrafo de texto.

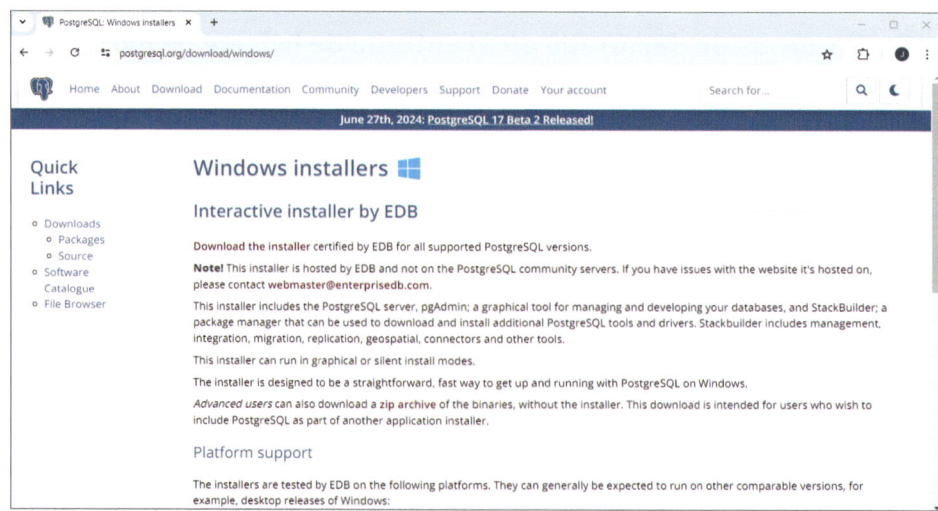

Figura 1.16. Página para descarga de PostgreSQL.

En la siguiente pantalla hacemos clic en el enlace correspondiente a la versión y sistema operativo en el que se desea realizar la instalación. Podemos elegir la última versión disponible para Windows.

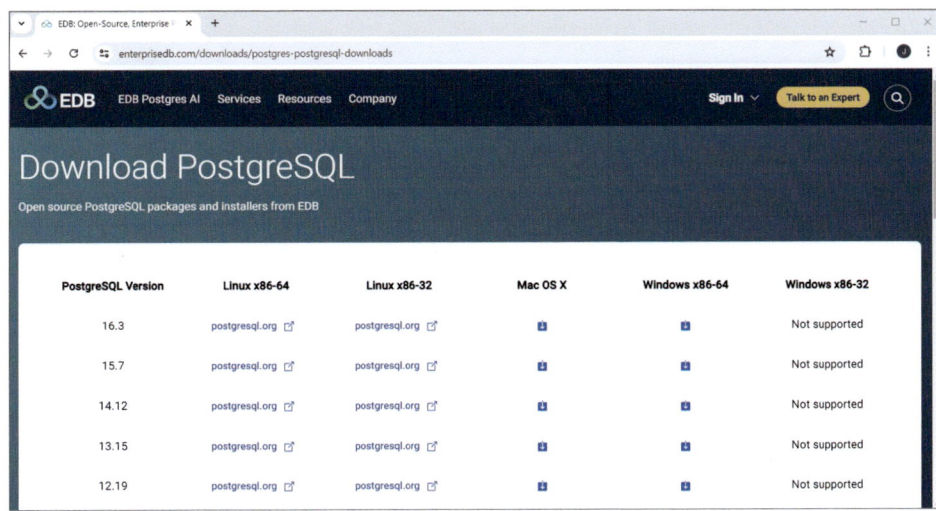

Figura 1.17. Selección de versión de PostgreSQL para Windows.

Se procederá entonces a la descarga del programa ejecutable postgresql-16.3-2-windows-x64.exe. Al hacer doble clic sobre él, se procederá a la instalación. Tras pulsar el botón *Siguiente* en la pantalla de bienvenida, en la siguiente pantalla se nos pide el directorio o carpeta donde deseamos instalar PostgreSQL.

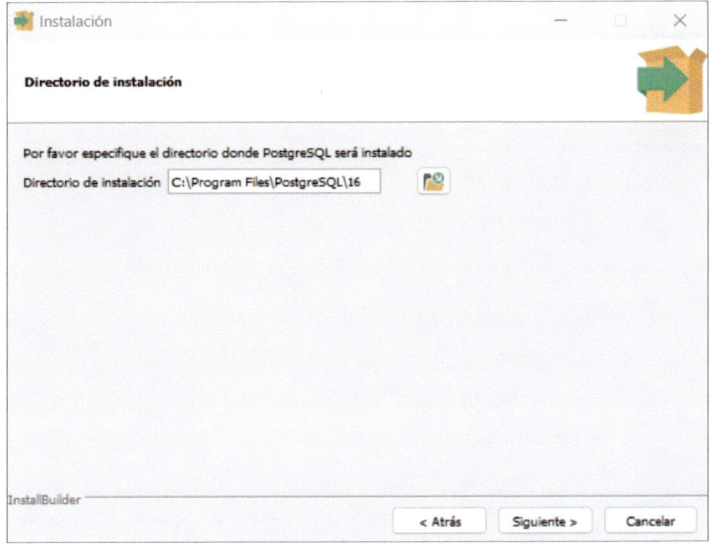

Figura 1.18. Selección de la carpeta de instalación.

A continuación, se pide seleccionar los componentes que se desean instalar. Dejaremos marcados todos ellos.

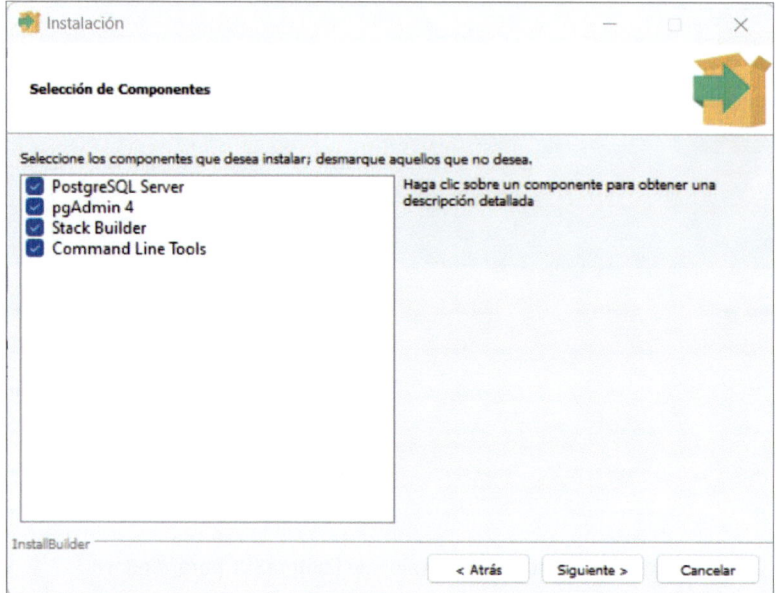

Figura 1.19. Selección de componentes que se desean instalar.

Luego se solicita indicar el directorio o carpeta donde se almacenarán los datos. Podemos dejar el directorio que aparece por defecto.

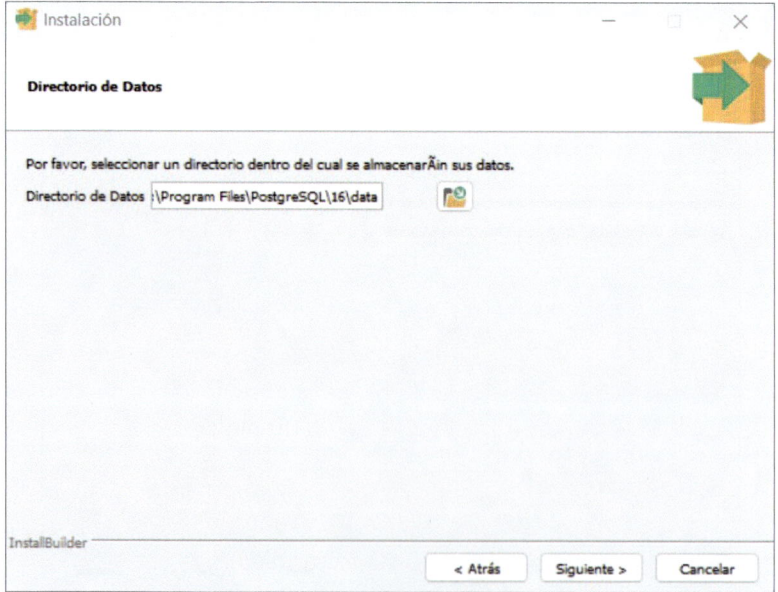

Figura 1.20. Selección de la carpeta donde se almacenarán los datos.

En la siguiente pantalla se nos pedirá introducir dos veces la contraseña para el superusuario de la base de datos llamado *postgres*. Podemos poner, por ejemplo, la contraseña 12345678.

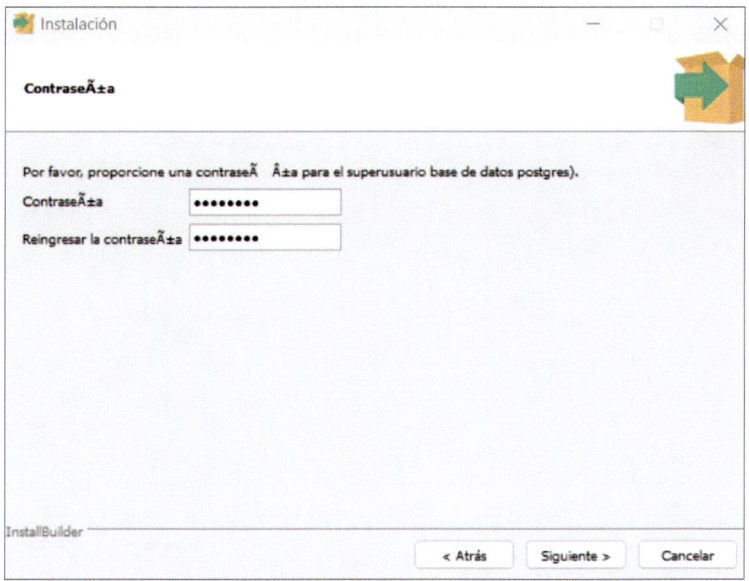

Figura 1.21. Introducción de la contraseña para el usuario *postgres*.

Mantenemos el número de puerto por defecto que escuchará el servidor (el 5432).

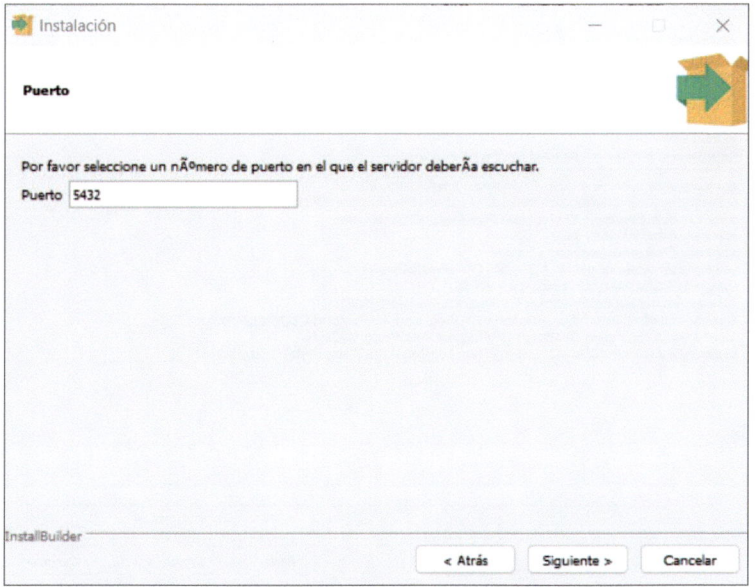

Figura 1.22. Introducción del puerto que escuchará el servidor.

Luego se nos pide indicar la configuración regional que se desea para la base de datos. Vamos a elegir la configuración regional por defecto.

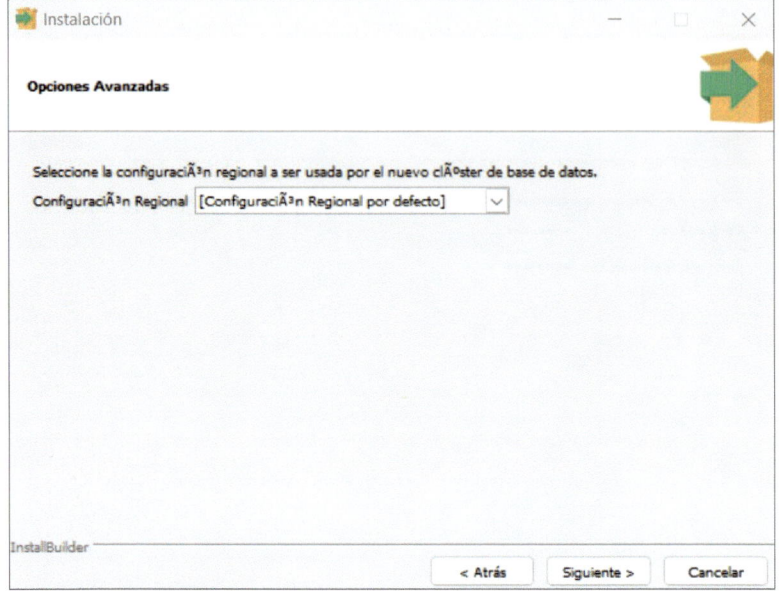

Figura 1.23. Introducción de la configuración regional.

En la siguiente pantalla se mostrarán los parámetros que se van a utilizar para la instalación:

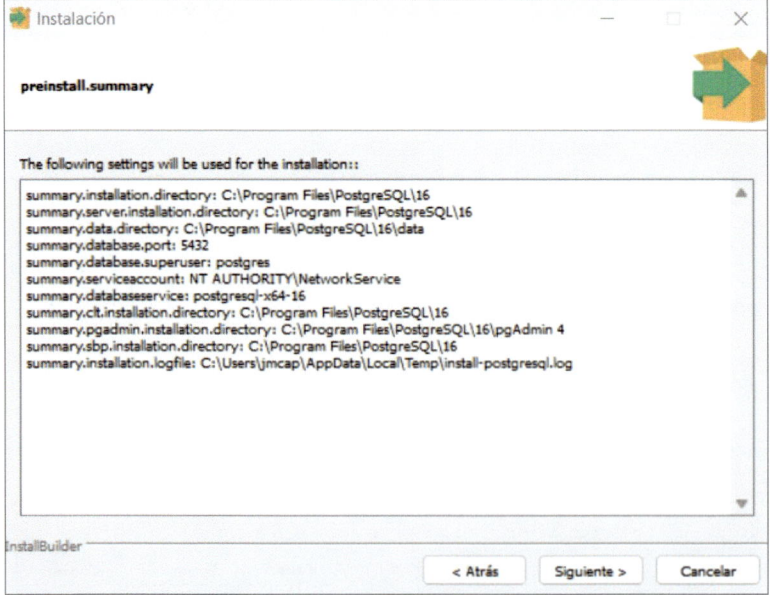

Figura 1.24. Indicación de parámetros que se usarán para la instalación.

Tras hacer clic en el botón *Siguiente* de esta pantalla y en el de la siguiente, se procederá a la instalación.

El entorno pgAdmin 4 nos aparecerá como un programa en el equipo. Tras lanzar esta aplicación, en la parte izquierda de la pantalla desplegamos *Servers* y nos debe aparecer un servidor con cruz roja y se nos pedirá la contraseña del usuario *postgres* que introdujimos en el proceso de instalación.

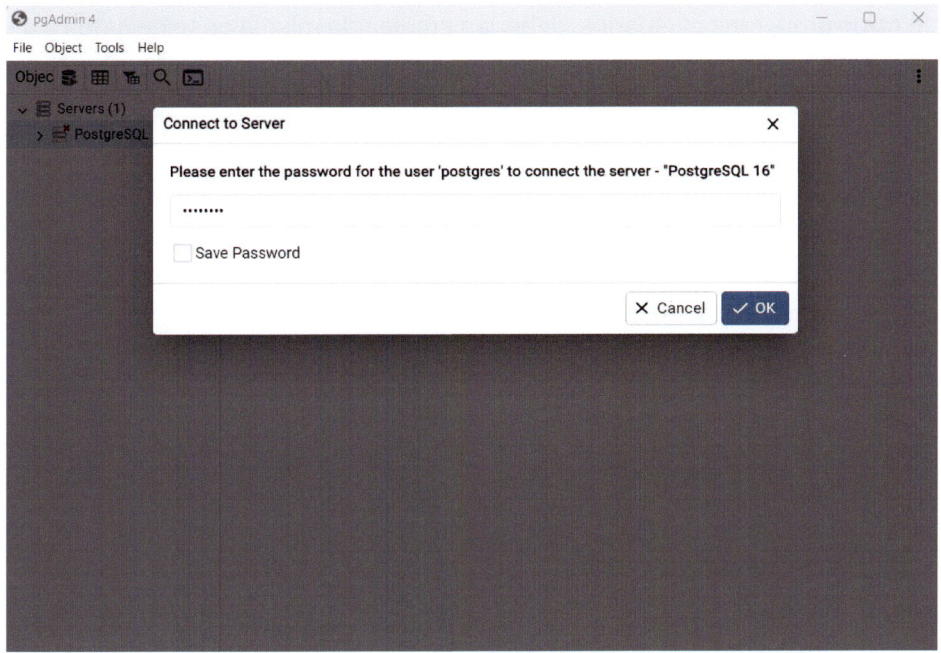

Figura 1.25. Inicio de la herramienta pgAdmin 4.

Se nos desplegarán, en la parte izquierda, los distintos elementos del servidor. Cada servidor PostgreSQL maneja una o más bases de datos, por lo que se puede afirmar que controla un clúster de bases de datos. Las bases de datos constituyen el nivel jerárquico superior para la organización de objetos. Pocos objetos, como los roles y las bases de datos, se definen a nivel de clúster. Dentro de un clúster hay varias bases de datos que están aisladas de las demás bases de datos, pero que pueden acceder a objetos a nivel de clúster.

Dentro de una base de datos puede haber múltiples esquemas, que contienen objetos, como tablas y funciones. La jerarquía de PostgreSQL incluye, por tanto, los siguientes niveles: clúster, base de datos, esquema y tabla (o algún otro tipo de objeto, como función).

Al conectarse al servidor PostgreSQL, un cliente debe especificar el nombre de la base de datos a la que se desea conectar. No es posible acceder a más de una base de datos en una conexión. Sin embargo, es posible establecer múltiples conexiones con la misma o diferentes bases de datos.

Si el servidor está pensado para contener proyectos que no están relacionados o usuarios que no necesitan conocer la labor de otros usuarios, es recomendable colocarlos en distintas bases de datos, estableciendo convenientemente el control de acceso y autorizaciones. Sin embargo, si los proyectos o usuarios están relacionados, de manera que es necesario que hagan uso de otros proyectos o usuarios, deberían emplear la misma base de datos y diferentes esquemas para cada uno de ellos.

Se puede observar en pgAdmin que hay una base de datos llamada *postgres* y dentro de ella, un esquema llamado *public*, que se crea automáticamente al confeccionar cualquier base de datos. Si hacemos clic en el icono 🔧 de la izquierda de la parte superior de la pantalla, nos aparecerá en la parte central una zona para escribir nuestras consultas. Podremos ver el resultado de la ejecución en la parte inferior tras pulsar el icono ▶ o la tecla F5.

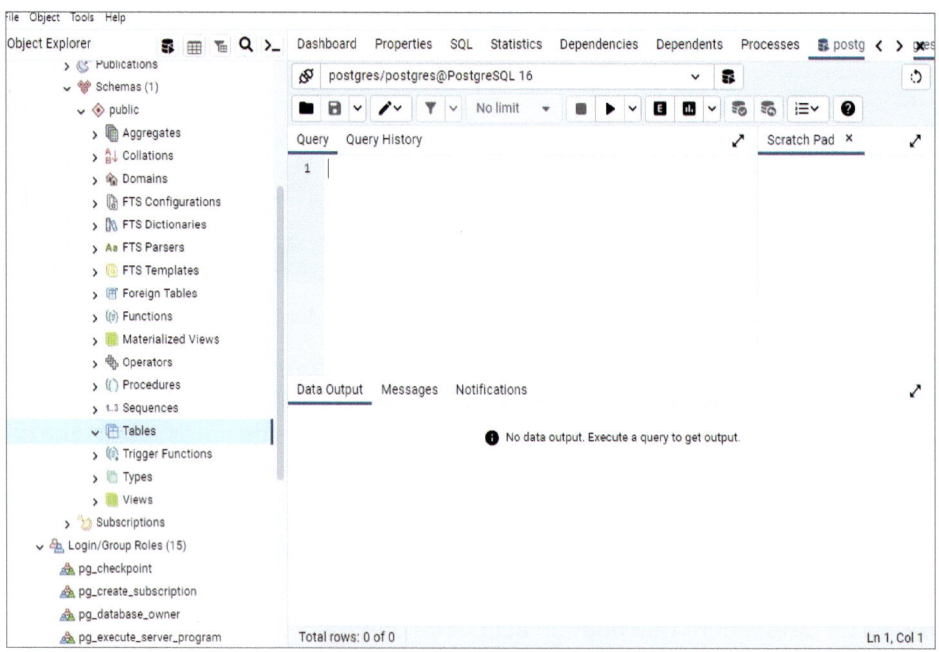

Figura 1.26. Uso de pgAdmin 4.

A continuación, vamos a crear dentro de la base de datos *postgres* dos esquemas (*pedidos* y *empresa*), con los que vamos a trabajar a lo largo del libro:

- El esquema *pedidos* contiene información de una librería sobre los pedidos que realizan los clientes y los artículos vendidos, así como los solicitados en dichos pedidos. Las tablas de este esquema y sus relaciones se muestran a continuación:

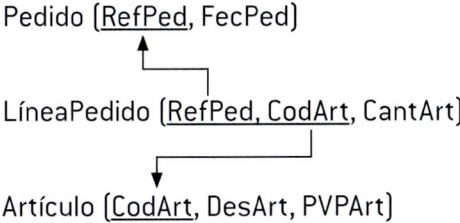

Pedido (RefPed, FecPed)

LíneaPedido (RefPed, CodArt, CantArt)

Artículo (CodArt, DesArt, PVPArt)

Concretamente por cada pedido se almacena su referencia (*RefPed*) y fecha (*FecPed*) y por cada uno de los artículos que vende la librería, su código (*CodArt*), descripción (*DesArt*) y precio de venta (*PVPArt*). Esta información está disponible en las tablas *Pedido* y *Articulo*. Hay una tercera tabla, llamada *LineaPedido*, que indica por cada pedido (identificado por su *RefPed*) qué artículos se han solicitado (identificados por su *CodArt*) y el número de unidades que se ha solicitado de cada artículo en cada línea de pedido (atributo *CantArt*). Los datos que se van a almacenar en el esquema se muestran en la Figura 1.27:

PEDIDO

RefPed	FecPed
P0001	16/02/2024
P0002	18/02/2024
P0003	23/02/2024
P0004	25/02/2024

LINEAPEDIDO

RefPed	CodArt	CantArt
P0001	A0043	10
P0001	A0078	12
P0002	A0043	5
P0003	A0075	20
P0004	A0012	15
P0004	A0043	5
P0004	A0089	50

ARTICULO

CodArt	DesArt	PVPArt
A0043	Bolígrafo azul fino	0,78
A0078	Bolígrafo rojo normal	1,05
A0075	Lápiz 2B	0,55
A0012	Goma de borrar	0,15
A0089	Sacapuntas	0,25

Figura 1.27. Contenido del esquema *pedidos*.

Para crear este esquema y sus tablas, junto con los datos almacenados en ellas, se deben emplear las siguientes instrucciones, que están disponibles en el archivo *pedidos.sql*, en la web de Paraninfo. Para ejecutar estas órdenes simplemente habrá que seleccionarlas todas ellas, copiar su contenido en la caja blanca para la introducción de órdenes SQL en pgAdmin y pulsar el botón ▶ o la tecla F5.

```
CREATE SCHEMA pedidos;

SET SEARCH _ PATH TO pedidos, public;

CREATE TABLE Pedido
(RefPed char(5) PRIMARY KEY,
FecPed date NOT NULL);

CREATE TABLE Articulo
(CodArt char(5) PRIMARY KEY,
DesArt varchar(30) COLLATE "es-ES-x-icu" NOT NULL,
PVPArt numeric(6,2) NOT NULL CONSTRAINT ck _ PVPArt CHECK
(PVPArt>0));

CREATE TABLE LineaPedido
(RefPed char(5),
CodArt char(5),
CantArt int default 1 NOT NULL CONSTRAINT ck _ CantArt CHECK
(CantArt > 0),
CONSTRAINT fk _ RefPed _ LineaPedido FOREIGN KEY (RefPed)
REFERENCES Pedido(RefPed) ON UPDATE CASCADE,
CONSTRAINT fk _ CodArt _ LineaPedido FOREIGN KEY (CodArt)
REFERENCES Articulo(CodArt) ON UPDATE CASCADE,
CONSTRAINT pk _ LineaPedido PRIMARY KEY (RefPed, CodArt));

INSERT INTO Pedido VALUES ('P0001', '2024-02-16');
INSERT INTO Pedido VALUES ('P0002', '2024-02-18');
INSERT INTO Pedido VALUES ('P0003', '2024-02-23');
INSERT INTO Pedido VALUES ('P0004', '2024-02-25');

INSERT INTO Articulo VALUES ('A0043', 'Bolígrafo azul', 0.78);
INSERT INTO Articulo VALUES ('A0078', 'Bolígrafo rojo normal',
1.05);
INSERT INTO Articulo VALUES ('A0075', 'Lápiz 2B', 0.55);
INSERT INTO Articulo VALUES ('A0012', 'Goma de borrar', 0.15);
INSERT INTO Articulo VALUES ('A0089', 'Sacapuntas', 0.25);

INSERT INTO LineaPedido VALUES ('P0001', 'A0043', 10);
INSERT INTO LineaPedido VALUES ('P0001', 'A0078', 12);
INSERT INTO LineaPedido VALUES ('P0002', 'A0043', 5);
INSERT INTO LineaPedido VALUES ('P0003', 'A0075', 20);
INSERT INTO LineaPedido VALUES ('P0004', 'A0012', 15);
```

```
INSERT INTO LineaPedido VALUES ('P0004', 'A0043', 5);
INSERT INTO LineaPedido VALUES ('P0004', 'A0089', 50);
```

Una vez ejecutadas todas estas instrucciones, se habrá creado un esquema llamado *pedidos* dentro de la base de datos *postgres*, conteniendo dicho esquema las tablas *Pedido*, *Articulo* y *LineaPedido*. Si refrescamos la base de datos *postgres* seleccionando de su menú contextual la opción *Resfresh*, podemos observar que aparece dicho esquema y, al desplegarlo, dentro del elemento *Tables* se pueden observar las tres tablas recién creadas:

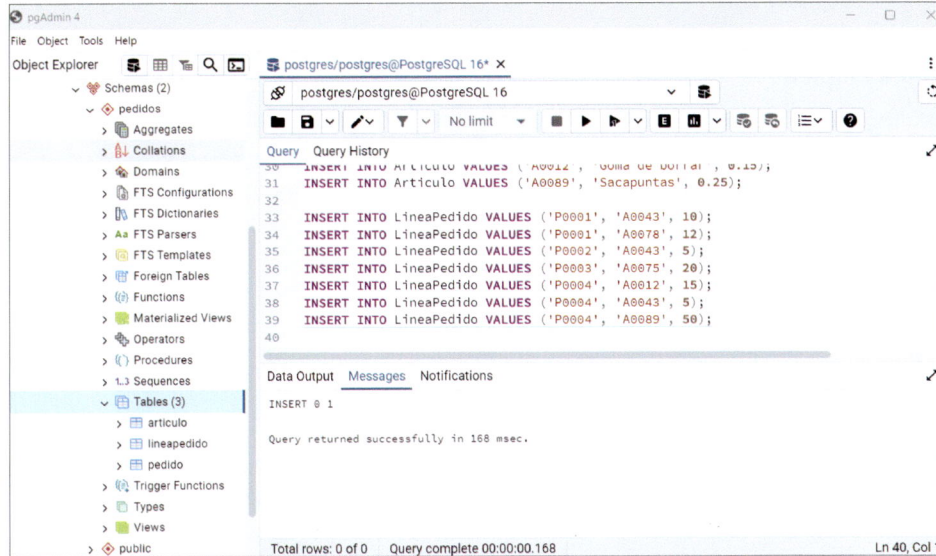

Figura 1.28. Visualización del esquema *pedidos* con sus tablas en pgAdmin.

- El esquema *empresa*, por su parte, contiene información sobre los departamentos de que consta una empresa (tabla *Departamento*) y los empleados que trabajan en ella (tabla *Empleado*). El esquema relacional es el que se muestra a continuación:

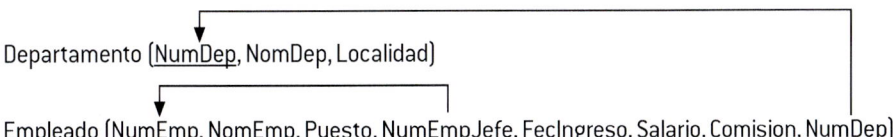

Departamento (<u>NumDep</u>, NomDep, Localidad)

Empleado (<u>NumEmp</u>, NomEmp, Puesto, NumEmpJefe, FecIngreso, Salario, Comision, NumDep)

Por cada departamento se almacena en la tabla *Departamento* un número identificativo (*NumDep*), su nombre (*NomDep*) y la ciudad o localidad en la que está ubicado (*Localidad*). Por otro lado, por cada empleado se almacena un número que lo identifica (*NumEmp*), su nombre (*NomEmp*), el puesto que desempeña en la empresa (*Puesto*), el número de su empleado jefe (*NumEmpJefe*), su fecha de ingreso en la empresa (*FecIngreso*), el salario que cobra (*Salario*), su comisión (*Comision*) y el número identificativo del departamento en el que trabaja (*NumDep*). Los datos que se van a almacenar en este esquema se muestran a continuación:

Tabla Departamento

```
NumDep |       NomDep       | Localidad
-------+--------------------+----------
     1 | Compras            | Madrid
     2 | Recursos humanos   | Barcelona
     3 | Ventas             | Bilbao
```

Tabla Empleado

NumEmp	NomEmp	Puesto	NumEmpJefe	FecIngreso	Salario	Comision	NumDep
1	Alberto Rey Ruiz	Gerente		2014-01-02	5500.00	0.00	1
2	Luis Grande Gil	Director	1	2014-01-02	3200.00	0.00	1
3	Ana Ruiz Almeida	Empleado	2	2014-01-02	1525.00	0.00	1
4	Albert Rius García	Director	1	2016-02-02	3100.00	0.00	2
5	Georgina Ruiz Plà	Empleado	4	2016-02-02	1420.00	0.00	2
6	Laura Díaz Folgado	Empleado	4	2016-12-12	1320.00	0.00	2
7	Esther Gómez Bilbao	Director	1	2018-01-02	2800.00	0.00	3
8	Vanessa Amor López	Vendedor	7	2018-01-02	1600.00	250.00	3
9	Ángel Jiménez Sánchez	Empleado	8	2018-01-02	1450.00	0.00	3
10	Sandra Rojo Núñez	Vendedor	8	2018-01-02	1900.00	400.00	3
11	María Galiano Lastra	Vendedor	10	2020-01-15	1300.00	900.00	3
12	Pedro Gómez Sanz	Vendedor	10	2022-05-05	1250.00	300.00	3

Figura 1.29. Contenido del esquema *empresa*.

Para crear el esquema *empresa* y estas tablas, junto con los datos almacenados en ellas, se deben emplear las siguientes instrucciones, que están disponibles en el archivo *empresa.sql*, en la web de Paraninfo. Para ejecutar estas órdenes se deberá hacer como se ha indicado anteriormente.

```
CREATE SCHEMA empresa;

SET SEARCH_PATH TO empresa, public;

CREATE TABLE Departamento
(NumDep int PRIMARY KEY
CONSTRAINT cK_NumDep CHECK (NumDep between 1 and 100),
NomDep varchar(40) COLLATE "es-ES-x-icu" NOT NULL
CONSTRAINT UQ_NomDep_Departamento UNIQUE,
Localidad varchar(40) COLLATE "es-ES-x-icu" NOT NULL);
```

```
CREATE TABLE Empleado
(NumEmp int PRIMARY KEY CONSTRAINT ck _ NumEmp CHECK (NumEmp > 0),
NomEmp varchar(40) COLLATE "es-ES-x-icu" NOT NULL,
Puesto varchar(8) COLLATE "es-ES-x-icu" NOT NULL CONSTRAINT ck _ Puesto
CHECK (Puesto in ('Gerente', 'Director', 'Empleado', 'Vendedor')),
NumEmpJefe int,
FecIngreso date NOT NULL,
Salario numeric(6,2) NOT NULL
CONSTRAINT ck _ salario CHECK (salario >= 1100),
Comision numeric(6,2) CONSTRAINT ck _ comision CHECK (comision >= 0),
NumDep int DEFAULT 1 NOT NULL,
CONSTRAINT fk _ Jefe _ Empleado FOREIGN KEY(NumEmpJefe)
REFERENCES Empleado(NumEmp)ON UPDATE CASCADE,
CONSTRAINT fk _ NumDep _ Empleado FOREIGN KEY(NumDep)
REFERENCES departamento(NumDep) ON UPDATE CASCADE,
CONSTRAINT ck _ comision _ salario CHECK (Comision <= 1.5 * Salario));


INSERT INTO Departamento VALUES (1, 'Compras', 'Madrid');
INSERT INTO Departamento VALUES (2, 'Recursos humanos', 'Barcelona');
INSERT INTO Departamento VALUES (3, 'Ventas', 'Bilbao');

INSERT INTO Empleado VALUES (1, 'Alberto Rey Ruiz', 'Gerente', NULL,
'2014-01-02', 5500, 0, 1);
INSERT INTO Empleado VALUES (2, 'Luis Grande Gil', 'Director', 1, '2014-
01-02', 3200, 0, 1);
INSERT INTO Empleado VALUES (3, 'Ana Ruiz Almeida', 'Empleado', 2, '2014-
01-02', 1525, 0, 1);
INSERT INTO Empleado VALUES (4, 'Albert Rius García', 'Director', 1,
'2016-02-02', 3100, 0, 2);
INSERT INTO Empleado VALUES (5, 'Georgina Ruiz Plà', 'Empleado', 4,
'2016-02-02', 1420, 0, 2);
INSERT INTO Empleado VALUES (6, 'Laura Díaz Folgado', 'Empleado', 4,
'2016-12-12', 1320, 0, 2);
INSERT INTO Empleado VALUES (7, 'Esther Gómez Bilbao', 'Director', 1,
'2018-01-02', 2800, 0, 3);
INSERT INTO Empleado VALUES (8, 'Vanessa Amor López', 'Vendedor', 7,
'2018-01-02', 1600, 250, 3);
INSERT INTO Empleado VALUES (9, 'Ángel Jiménez Sánchez', 'Empleado', 8,
'2018-01-02', 1450, 0, 3);
INSERT INTO Empleado VALUES (10, 'Sandra Rojo Núñez', 'Vendedor', 8,
'2018-01-02', 1900, 400, 3);
INSERT INTO Empleado VALUES (11, 'María Galiano Lastra', 'Vendedor', 10,
'2020-01-15', 1300, 900, 3);
INSERT INTO Empleado VALUES (12, 'Pedro Gómez Sanz', 'Vendedor', 10,
'2022-05-05', 1250, 300, 3);
```

1.2.2. DBeaver

Vamos a instalar otro entorno útil para trabajar con bases de datos, como DBeaver. Hay disponible una versión de código abierto gratuita y otra comercial de pago. Optamos por la primera de estas. Pues bien, accederemos a la siguiente página web con el fin de descargarnos DBeaver Community, que es la versión de código abierto: https://dbeaver.io/download/

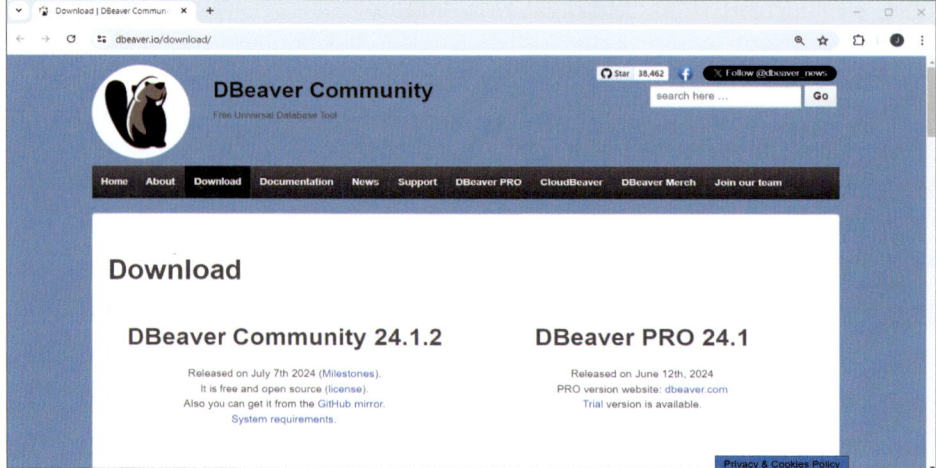

Figura 1.30. Descarga de DBeaver Community.

Para realizar la descarga, en la misma página más abajo, hacemos clic en el enlace correspondiente en función del sistema operativo de nuestro equipo. Si queremos instalarlo en Windows, podemos seleccionar un instalador o un archivo comprimido. Seleccionamos la primera opción.

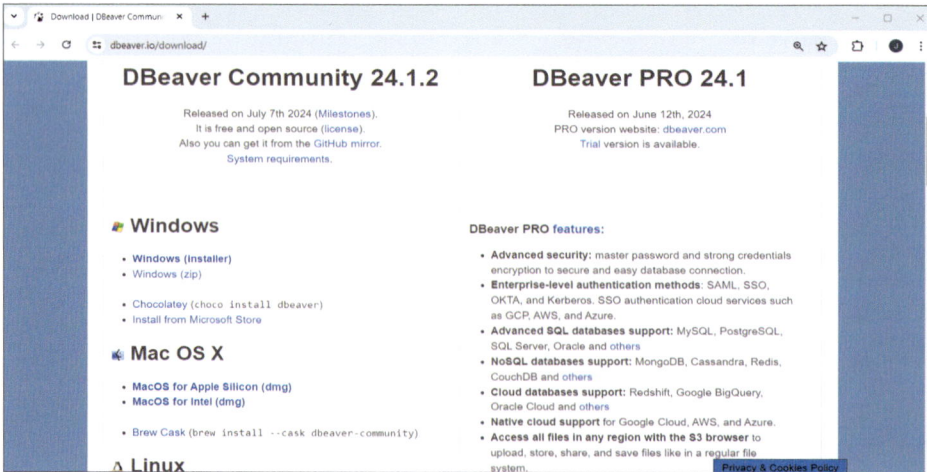

Figura 1.31. Descarga de instalador de DBeaver Community para Windows.

Una vez descargado el archivo dbeaver-ce-24.1.2-x86_64-setup.exe, hacemos doble clic sobre él para iniciar la instalación. Una vez seleccionado el idioma, comienza un asistente para la instalación de DBeaver Community (Figura 1.32).

Figura 1.32. Inicio del asistente para la instalación de DBeaver Community.

Hacemos clic en el botón *Siguiente*, aceptamos el acuerdo de licencia, indicamos si queremos instalar DBeaver solo para el usuario actual o cualquier usuario que utilice el ordenador y ya se inicia el proceso de instalación propiamente dicho. Volvemos a seleccionar el idioma y en la siguiente pantalla se nos solicitan los componentes que deseamos instalar. Si ya tenemos instalado Java en el ordenador, desactivaremos la casilla de verificación correspondiente a Java, como se muestra en la Figura 1.33:

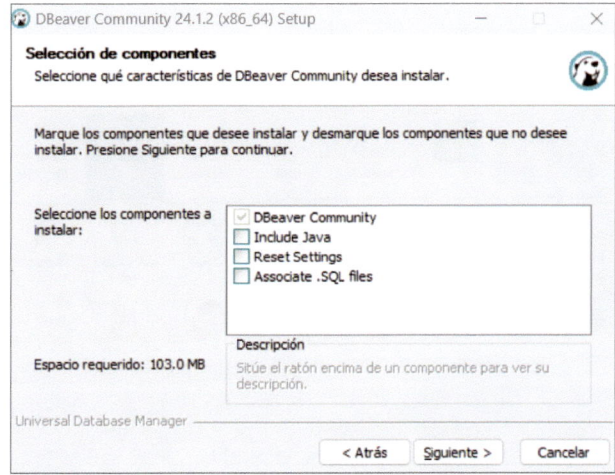

Figura 1.33. Selección de los componentes de DBeaver Community que se desean instalar.

A continuación, podemos mantener la ubicación por defecto donde se va a instalar DBeaver y ya se inicia la copia de los archivos al equipo.

Una vez realizada la instalación, al ejecutar por primera vez DBeaver, nos pregunta si deseamos crear una base de datos de ejemplo, a lo que podemos responder que no.

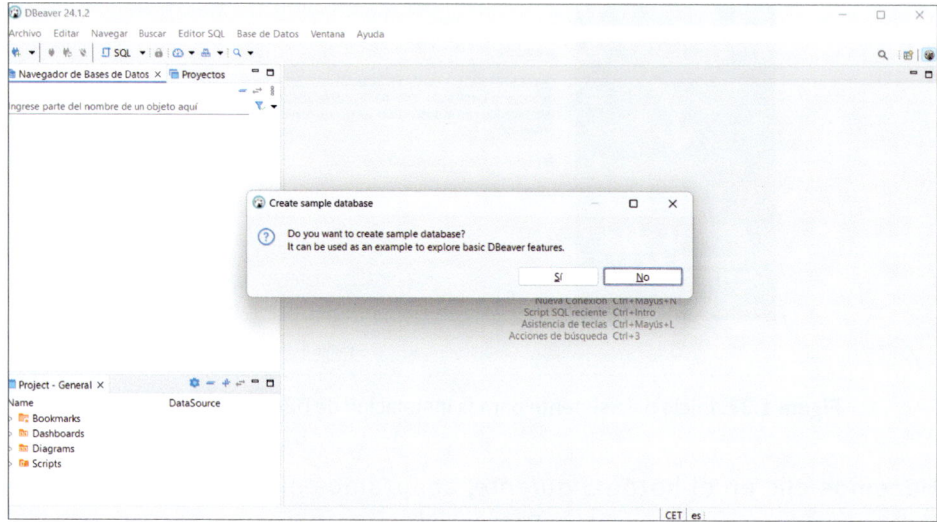

Figura 1.34. Primera ejecución de DBeaver.

A continuación, se nos pide seleccionar el SGBD con el que vamos a querer trabajar con el fin de instalar el *driver* correspondiente. En nuestro caso, seleccionamos PostgreSQL:

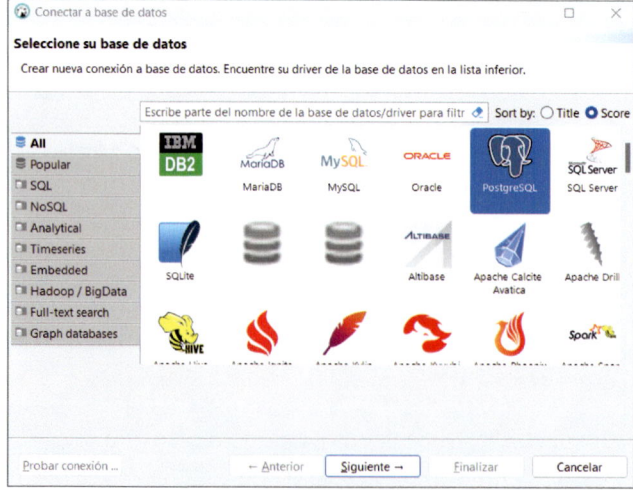

Figura 1.35. Selección del SGBD con el que se va a trabajar.

Seguidamente, se va a establecer una conexión de base de datos, para lo que se nos solicitan los siguientes datos:

- *Host*: el nombre del equipo donde se encuentra la base de datos. Debemos dejar la opción por defecto (*localhost*), que hace referencia al equipo local.

- *Port*: el puerto que escuchará el servidor PostgreSQL, que es el que aparece por defecto (5432).

- *Database*: el nombre de la base de datos a la que nos queremos conectar. Como vamos a trabajar con la base de datos *postgres*, dejamos lo indicado por defecto.

- *Authentication*: el tipo de autenticación. Podemos dejar también la opción por defecto.

- El nombre del usuario de PostgreSQL y su contraseña.

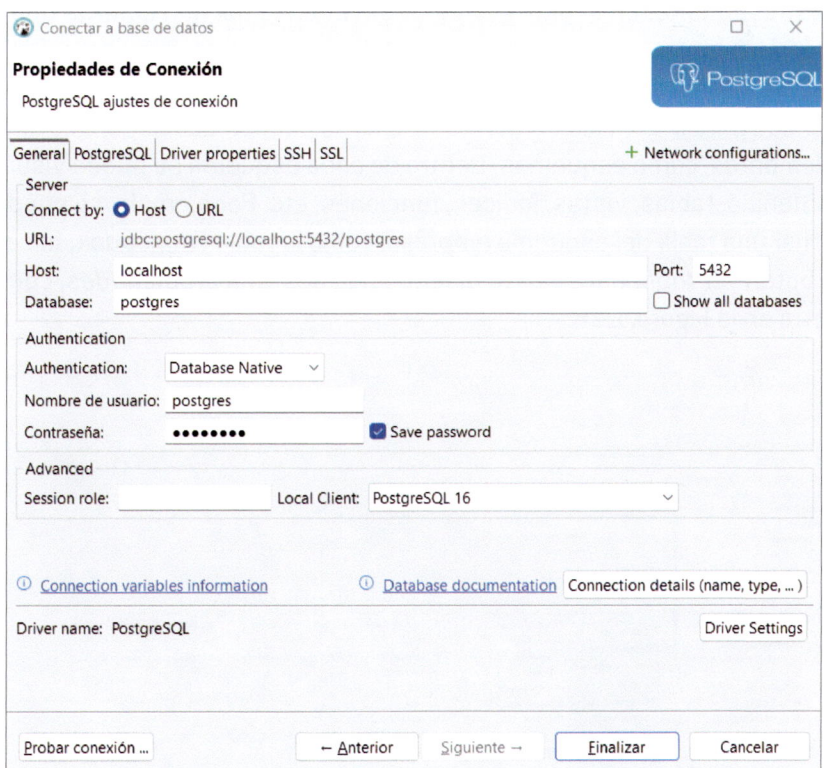

Figura 1.36. Configuración de la conexión a PostgreSQL.

Si hacemos clic en el botón *Probar conexión* nos indica que faltan los *drivers* de PostgreSQL, pero podemos hacer clic en el botón *Force download / overwrite* para que se proceda a la descarga al hacer clic en el botón *Download*.

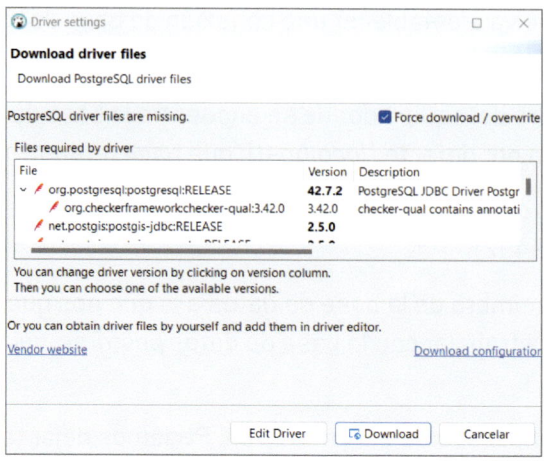

Figura 1.37. Configuración de la conexión a PostgreSQL.

Una vez realizada la descarga, nos indicará que se ha llevado a cabo la conexión exitosamente. En la pantalla de DBeaver en la parte izquierda nos aparecerá la conexión que se acaba de crear. Si desplegamos su contenido, nos aparecerá dentro del elemento *Bases de Datos* la base de datos *postgres* seleccionada para la conexión y dentro de ella, se pueden desplegar sus diferentes elementos, como esquemas. Dentro de cada esquema se puede visualizar su contenido: tablas, vistas, índices, funciones, etc. Por ejemplo, se puede seleccionar una tabla del esquema *empresa*, como la tabla *Empleado* y hacer clic en el botón *Ver tabla* para ver su diseño en la pestaña *Propiedades*, como se muestra en la Figura 1.38:

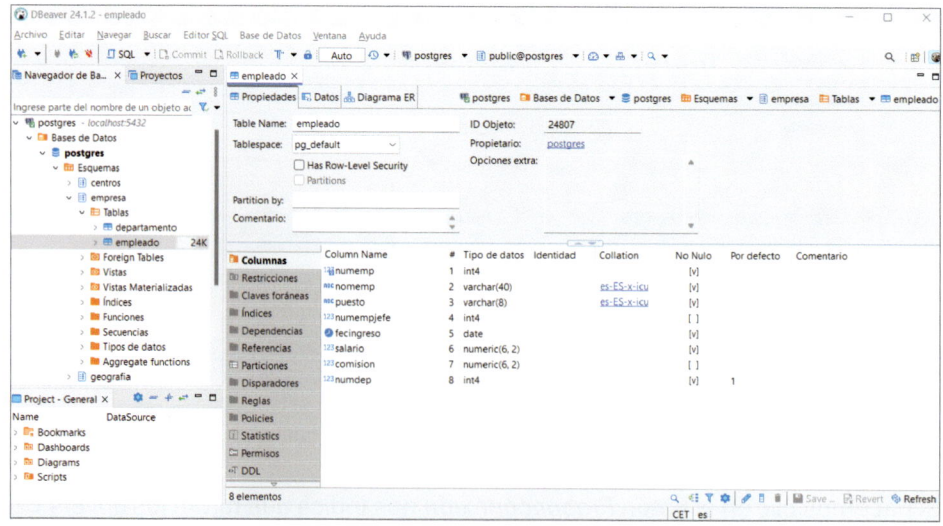

Figura 1.38. Visualización del contenido de las propiedades
de una tabla de PostgreSQL en DBeaver.

Se pueden crear y ejecutar comandos o *scripts* SQL seleccionando la opción de menú *Editor SQL – Script SQL*. Por ejemplo, en la siguiente pantalla se muestra el resultado de la ejecución de una sencilla consulta para ver parte del contenido de la tabla *Empleado*. Para ejecutarla, simplemente se debe hacer clic en el botón de color naranja ▶ situado a la izquierda del área de edición donde se pueden escribir comandos SQL.

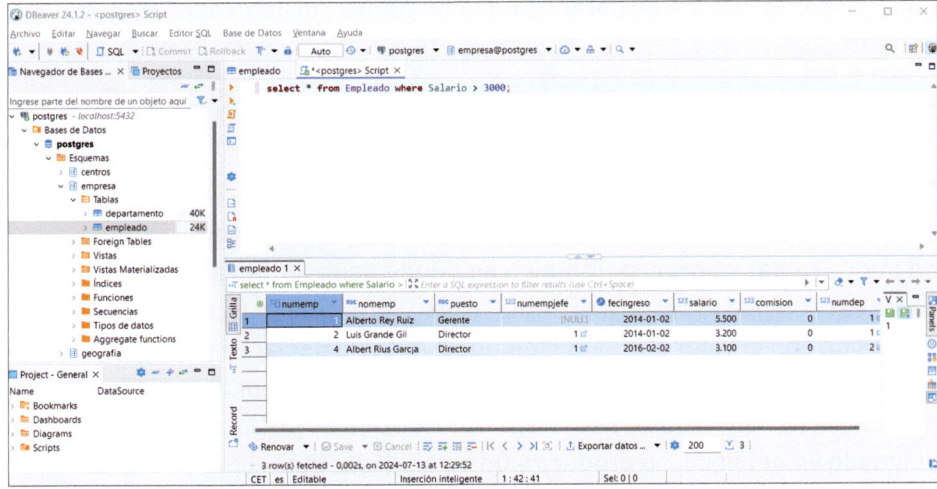

Figura 1.39. Ejecución de una orden SQL en DBeaver.

1.3. La sintaxis del lenguaje de programación

PostgreSQL incorpora un lenguaje de programación o lenguaje procedural llamado PL/pgSQL, cuyas características son las siguientes:

- Posibilita la creación de procedimientos, funciones y disparadores.

- Añade estructuras de control al lenguaje SQL.

- Permite llevar a cabo computaciones complejas.

- Posibilita el uso de todos los tipos definidos por el usuario, funciones, procedimientos y operadores de PostgreSQL.

- Es fácil de usar.

1.3.1. Variables

Una variable sirve para almacenar información cuyo valor puede variar a lo largo de la ejecución del programa. Toda variable tiene asociado un identificador y un tipo de dato y se almacena en memoria principal.

Antes de emplear una variable en un subprograma es necesario declararla empleando la siguiente sintaxis:

```
identificador [CONSTANT] tipo [COLLATE nombre_cotejamiento]
[NOT NULL] [{DEFAULT | := | =} expresión];
```

Se debe indicar, en primer lugar, el nombre de la variable (su identificador). La opción CONSTANT impide que se modifique el valor de la variable, por lo que realmente se está declarando una constante, no una variable en sentido estricto.

Se debe indicar después su tipo de dato, que puede ser cualquier de los que se verán en el Apartado 1.3.2, al que se remite al lector. A continuación, se le puede asignar un cotejamiento a la variable.

Además, se puede incluir la cláusula NOT NULL, que indica que dicha variable no puede tomar valor nulo. También se puede asignar un valor inicial a la variable escribiendo la palabra DEFAULT, o bien :=, o bien =, y a continuación una expresión con el valor que se desee. Toda variable declarada a la que no se le haya asignado un valor inicial tomará valor inicial nulo, por lo que, si a una variable se le ha asignado la restricción NOT NULL en su declaración y no se le ha asignado valor inicial, se producirá un error al ejecutar el programa. Esto implica que, si se declara una variable con la restricción NOT NULL, también hay que asignarle un valor inicial distinto de nulo.

Por ejemplo, a continuación, se declara una variable con el identificador *codArti* con el mismo tipo que el atributo *CodArt* de la tabla *Articulo*:

```
codArti Articulo.CodArt%TYPE;
```

A continuación, se declara una variable con el nombre *PVPArti* con el tipo de dato del atributo *PVPArt* de la tabla *Articulo* y valor inicial 5,15 €, y otra, *cantArti*, como variable numérica entera que no puede tomar valor nulo y con valor inicial 1.

```
PVPArti Articulo.CodArt%TYPE DEFAULT 5.15;
CantArti int NOT NULL DEFAULT 1;
```

Una vez declarada una variable, se le puede asignar valor a lo largo del subprograma mediante una instrucción de asignación, cuyo formato es el siguiente:

```
variable { := | = } expresión;
```

La parte izquierda de la asignación puede ser una variable simple o un campo de una variable de tipo fila. La parte derecha de una asignación puede ser un literal, una constante, una variable o una expresión.

1.3.2. Tipos de datos

Al declarar una variable, es necesario asignarle un tipo de dato, por lo que es necesario estudiar los tipos de datos más utilizados que se pueden asignar a variables en PostgreSQL, que son los mismos tipos de datos asignables a atributos de tablas. En los tipos que se indican a continuación lo que se especifica entre corchetes es opcional. Pues bien, los tipos de datos los vamos a clasificar del siguiente modo:

1) BOOLEAN o BOOL: permite almacenar uno de los siguientes valores: *true*, *false* o *null*. Al insertar datos en un atributo booleano, PostgreSQL realiza las siguientes conversiones:

   a) *1, yes, y, t* y *true* son convertidos a *true*.

   b) *0, no, false* y *f* son convertidos a *false*.

2) Tipos numéricos: permiten almacenar números, los cuales pueden ser enteros (sin parte decimal) o reales (con parte decimal). Los tipos de datos numéricos más empleados son los siguientes:

   a) SMALLINT: sirve para almacenar números enteros pequeños. El rango es entre -32.768 y 32.767.

   b) INT o INTEGER: sirve para almacenar números enteros de tamaño normal. El rango es entre -2.147.483.648 y 2.147.483.647.

   c) BIGINT: sirve para almacenar números enteros grandes. El rango es entre -2^{63} y 2^{63}-1.

   d) SMALSERIAL, SERIAL y BIGSERIAL: son tipos enteros con la peculiaridad de que PostgreSQL generará los valores de un atributo de este tipo automáticamente y se tratará de números correlativos empezando por el 1. El rango es desde 1 hasta 32767 para SMALLSERIAL, desde 1 hasta 2.147.483.647 para SERIAL y desde 1 hasta 2^{63}-1 para BIGSERIAL.

   e) NUMERIC [(n, d)]: es un tipo estándar de SQL que sirve para almacenar números con decimales exactos. Se usa, por tanto, cuando es importante mantener una precisión exacta, por ejemplo, con datos monetarios. Se suele especificar la precisión y la escala, siendo *n* la precisión o número total de dígitos y *d* la escala o número de dígitos después de la coma. Por ejemplo, con un tipo *numeric* (6,2) se pueden almacenar valores desde -9999,99 hasta 9999,99. El valor máximo de *n* es 131082 y el de *d*, 16383. Además de los valores numéricos ordinarios, el tipo *numeric* permite tres valores especiales:

- *Infinity*: representa el número infinito (∞).

- *-Infinity*: representa el número menos infinito (-∞).

- *NaN*: representa un valor no numérico (*not a number*) y se usa para representar resultados indefinidos de operaciones.

f) DECIMAL [(n, d)]: es un tipo equivalente a *numeric*.

g) REAL: sirve para almacenar en 4 *bytes* números con decimales aproximados de precisión simple. Los valores permitidos van desde -1.10^{37} hasta 1.10^{37} con una precisión de al menos 6 dígitos decimales. Se pueden emplear como sinónimos los tipos no estándar de SQL FLOAT o FLOAT4. También se permiten los valores *Infinity*, *-Infinity* y *NaN*.

h) DOUBLE PRECISION: sirve para almacenar en 8 bytes números con decimales aproximados de precisión doble. Los valores permitidos van desde -1.10^{307} hasta 1.10^{307} con una precisión de al menos 15 dígitos decimales. Se puede emplear como sinónimo no estándar de SQL el tipo FLOAT8. También se permiten los valores *Infinity*, *-Infinity* y *NaN*.

3) Tipos de fecha y hora: permiten almacenar fechas y/u horas. Los tipos de fecha y hora más empleados son los siguientes:

a) DATE: permite almacenar una fecha en el formato 'AAAA-MM-DD'. Se puede asignar como valor por defecto a un campo de este tipo el valor CURRENT_DATE, que hace referencia a la fecha actual.

b) TIMESTAMP: permite almacenar una fecha y una hora en el formato 'AAAA-MM-DD HH:MM:SS'. Se puede asignar como valor por defecto a un campo de este tipo el valor CURRENT_TIMESTAMP, que hace referencia a la fecha y hora actual.

c) TIME: permite almacenar una hora en el formato 'HH:MM:SS.mmm' donde mmm hace referencia a los milisegundos, que se pueden omitir. Permite el rango desde '00:00:00' hasta '24:00:00'.

d) INTERVAL: permite almacenar un intervalo de tiempo en años, meses, días, horas, minutos, segundos, etc. Por ejemplo, se podrían almacenar los siguientes intervalos: *interval '4 months ago'* o *interval '2 hours 40 minutes'*.

4) Tipos de cadenas de caracteres: permiten almacenar cadenas de caracteres, que incluyen cualquier carácter incluido dentro del conjunto de caracteres correspondiente a la tabla. Los tipos de cadenas de caracteres más utilizados son los que se indican a continuación:

a) CHARACTER [(M)] o CHAR [(M)]: sirve para almacenar cadenas de caracteres de longitud fija, esto es, cadenas que siempre ocupan el número de caracteres especificado en M. Si no se especifica M, se supone la longitud 1, por lo que CHAR y CHAR(1) son equivalentes. Si la cadena que se asigna a un dato con este tipo de dato tiene una longitud menor que M, se rellenará con espacios en blanco a la derecha hasta alcanzar la longitud M. El rango de M es desde 1 hasta 10.485.760.

b) CHARACTER VARYING(M) o VARCHAR(M): permite almacenar cadenas de caracteres de longitud variable, siendo la longitud máxima permitida M. El rango de M es desde 1 hasta 10.485.760.

c) CHARACTER VARYING o VARCHAR: permite almacenar cadenas de caracteres de cualquier longitud.

d) TEXT: permite almacenar cadenas de caracteres de cualquier longitud, igual que el tipo *varchar*.

e) BYTEA: permite almacenar objetos binarios de longitud variable.

5) XML: permite almacenar datos XML. Su ventaja respecto a almacenar datos XML en un campo de tipo texto es que se comprueba si los datos tienen una estructura correcta y, además, existen en PostgreSQL funciones específicas para datos de este tipo que permiten llevar a cabo operaciones seguras. Este tipo permite almacenar documentos correctos de acuerdo con el estándar XML, así como fragmentos de código definidos de acuerdo con el modelo de datos de XQuery y XPath.

Además de todos estos tipos de datos, en PL/pgSQL se pueden usar también los siguientes tipos:

- nombre_tabla.nombre_atributo%TYPE: de esta forma se asigna a una variable el mismo tipo de dato que el de un atributo de una tabla. Esto tiene la ventaja de que el programa creado va a funcionar correctamente, aunque se realice un cambio sobre el tipo de dato del atributo.

- nombre_tabla%ROWTYPE: en este caso se asigna a la variable un tipo compuesto de manera que se declara una variable de tipo fila. Una variable así declarada puede almacenar una fila entera de la tabla cuyo nombre se indica. Se puede acceder a los atributos de la fila utilizando un punto, esto es, escribiendo nombre_tabla.nombre_atributo.

- RECORD: el tipo registro es un tipo compuesto similar a ROWTYPE en el sentido de que puede almacenar más de un valor, pero si bien ROWTYPE solo puede tener la estructura de una fila de una tabla, el tipo RECORD carece de estructura definida, la cual se determina en el momento en que se le asigna a una variable de tipo *record* el resultado de una consulta o en el momento en que aparece en una estructura FOR.

1.3.3. Estructuras de control

A la hora de escribir bloques anónimos o subprogramas (procedimientos y funciones) en PL/pgSQL, se pueden incluir diversas estructuras de control para controlar el flujo de ejecución de los programas. Para saber cómo crear bloques anónimos, procedimientos y funciones en PL/pgSQL se remite al lector al Apartado 1.4.

A continuación, se van a estudiar las estructuras de control más relevantes que se pueden emplear en PL/pgSQL:

Estructuras alternativas

Las estructuras alternativas se construyen mediante la sentencia IF y la sentencia CASE y permiten decidir qué secuencia de código se va a ejecutar a continuación en función del cumplimiento o no de una determinada condición. En PL/pgSQL se pueden emplear varias estructuras alternativas, que se analizan a continuación:

- Estructura alternativa simple: se comprueba una determinada condición y si se cumple, se ejecuta una secuencia de instrucciones; en caso contrario, dicha secuencia de instrucciones no se ejecuta. Su sintaxis es:

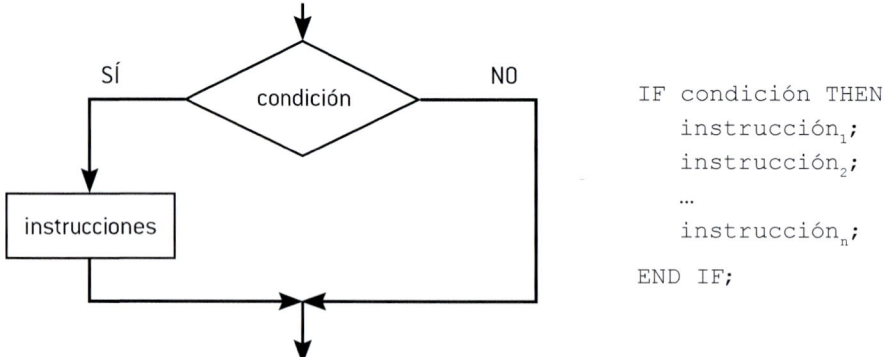

```
IF condición THEN
    instrucción₁;
    instrucción₂;
    ...
    instrucción_n;
END IF;
```

Se va a crear a continuación un procedimiento llamado *CambiarPrecioSacapuntas* que reciba un importe en euros y que compruebe el precio del artículo con descripción *Sacapuntas* y si es mayor que 0,20 €, decremente su precio con el importe recibido como parámetro e informe al usuario.

En este procedimiento, para mostrar un mensaje en pantalla que informe al usuario en caso de que se haya llevado a cabo la modificación, usaremos la instrucción RAISE NOTICE. Cuando en esta instrucción se desea mostrar únicamente un mensaje literal, es decir, sin parte variable, solo hay que escribir dicho mensaje entre comillas simples después de RAISE NOTICE. Sin embargo, si se desea mostrar en el mensaje el contenido de una variable o un parámetro, se debe escribir en cada lugar en el que se desea colocar una variable o parámetro un símbolo de porcentaje % y después del texto entrecomillado, separados por comas, los nombres de dichas variables o parámetros en orden. Por ejemplo, si se desea escribir el texto 'El precio del sacapuntas ha bajado XX,XX euros.', correspondiendo XX,XX al valor del parámetro importe, la instrucción RAISE NOTICE será así:

```
RAISE NOTICE 'El precio del sacapuntas ha bajado % euros.', importe;
```

Pues bien, lo que hay que hacer en este procedimiento es consultar el precio del artículo con descripción 'Sacapuntas' en la tabla *Articulo* y almacenarlo en una variable, por ejemplo, *pvp*, que habrá que declarar previamente en la zona de declaraciones. Para almacenar el resultado de una consulta en una variable, se debe escribir en la consulta, después de la cláusula SELECT, la cláusula INTO, detrás de la cual se debe escribir el identificador de la variable. Luego, hay que comprobar si el precio contenido en *pvp* es o no mayor que 0 ,20 € con una sentencia IF y, en caso afirmativo, actualizar el precio y mostrar un mensaje indicativo por pantalla. Para ello, habrá que escribir el siguiente código:

```
CREATE OR REPLACE PROCEDURE CambiarPrecioSacapuntas (importe
                                  numeric(6,2))
LANGUAGE plpgsql
AS $$
DECLARE
pvp Articulo.PVPArt%TYPE;
BEGIN
SELECT PVPArt INTO pvp
FROM Articulo WHERE DesArt = 'Sacapuntas';
IF pvp > 0.20 THEN
   UPDATE Articulo SET PVPArt = PVPArt - importe
   WHERE DesArt = 'Sacapuntas';
   RAISE NOTICE 'El precio del sacapuntas ha bajado %
             euros.', importe;
END IF;
END $$;

postgres=# CALL CambiarPrecioSacapuntas (0.02);
NOTICE:  El precio del sacapuntas ha bajado 0.02 euros.
CALL
```

El resultado de la ejecución, como se puede observar, es que se nos muestra el mensaje «`El precio del sacapuntas ha bajado 0.02 euros`» al tener este artículo un precio de 0,25 €, pasando su precio a ser 0,23 €.

- Estructura alternativa doble: se comprueba una determinada condición; si se cumple, se ejecuta una secuencia de instrucciones y si no se cumple, otra secuencia de instrucciones. La sintaxis es la siguiente:

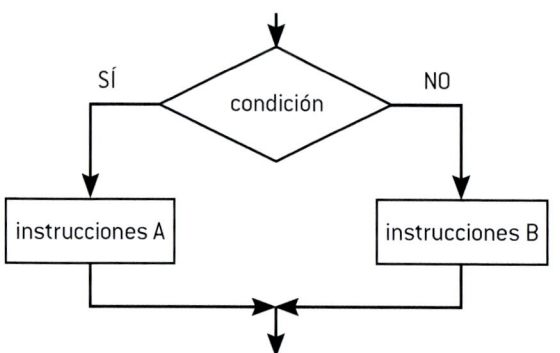

```
IF condición THEN
    instrucción₁;
    …
    instrucción_n;
ELSE
    instrucción_{n+1};
    …
    instrucción_{n+m};
END IF;
```

Se va a crear un procedimiento que reciba dos parámetros: un código de artículo y un importe. El procedimiento debe comprobar el precio del artículo cuyo código se pasa como parámetro, de manera que si es superior a 0,30 €, baje el precio según el importe recibido como segundo parámetro, y en caso contrario, lo suba de acuerdo con ese mismo importe. En cada uno de los casos, se mostrará un mensaje significativo por pantalla:

```
CREATE OR REPLACE PROCEDURE CambiarPrecio (codArti char(5),
                                  importe numeric(6,2))
LANGUAGE plpgsql
AS $$
DECLARE
pvp Articulo.PVPArt%TYPE;
BEGIN
SELECT PVPArt INTO pvp
FROM Articulo WHERE CodArt = codArti;
IF pvp > 0.30 THEN
    UPDATE Articulo SET PVPArt = PVPArt - importe
    WHERE CodArt = codArti;
    RAISE NOTICE 'El precio del artículo con código % ha
               bajado % euros.', codArti, importe;
ELSE
    UPDATE Articulo SET PVPArt = PVPArt + importe
    WHERE CodArt = codArti;
    RAISE NOTICE 'El precio del artículo con código % ha
               subido % euros.', codArti, importe;
END IF;
END $$;
```

Vamos a llamar a este procedimiento para que modifique el precio del artículo con código A0012 (la goma de borrar).

```
postgres=# CALL CambiarPrecio ('A0012', 0.05);
NOTICE:  El precio del artículo con código A0012 ha subido 0.05
euros.
CALL
```

El resultado de la ejecución es el que se muestra porque la goma de borrar tenía un precio inferior a 0,30 €, concretamente 0,15 €, y, por tanto, ha pasado a costar 0,20 €, al haber asignado el valor de 0,05 € al 2.º parámetro del procedimiento.

- Estructura alternativa múltiple: consiste en varias estructuras alternativas dobles anidadas. La sintaxis es la siguiente:

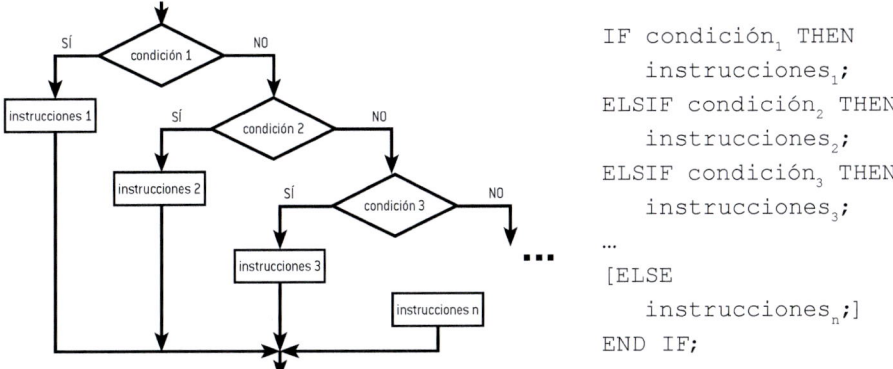

```
IF condición₁ THEN
      instrucciones₁;
ELSIF condición₂ THEN
      instrucciones₂;
ELSIF condición₃ THEN
      instrucciones₃;
...
[ELSE
      instrucciones_n;]
END IF;
```

El funcionamiento es el siguiente:

— Se comprueba $condición_1$. Si se cumple, se ejecuta $instrucciones_1$ y termina la sentencia IF.

— Si no se cumple $condición_1$, se evalúa $condición_2$. Si se cumple, se ejecuta $instrucciones_2$ y termina la sentencia IF.

— Si no se cumple $condición_2$, se evalúa $condición_3$. Si se cumple, se ejecuta $instrucciones_3$ y termina la sentencia IF.

— Si no se cumple ninguna de las condiciones especificadas y hay cláusula else, se ejecutan sus instrucciones y finaliza la sentencia IF.

Se va a crear a continuación un procedimiento en el esquema *empresa* que incremente el salario del empleado cuyo número se pasa como parámetro en función del puesto que desempeña. Si es gerente, se le debe subir el sueldo un 2 %; si es director, un 3 %; si es vendedor, un 4 %, y si desempeña cualquier otro puesto, un 5 %. Para ello, en primer lugar, se debe consultar el puesto del empleado cuyo número se ha pasado como parámetro. Se va a declarar una variable en la que se va a almacenar el porcentaje de incremento del salario en función del puesto. Posteriormente, se debe preguntar por su puesto en una estructura alternativa múltiple, por medio de la cual se asigne al porcentaje el valor correspondiente. Para finalizar, se incrementa el salario según el porcentaje almacenado y se muestra un mensaje informativo. Como es sabido, en la instrucción RAISE NOTICE, para denotar la posición correspondiente al valor de una variable o parámetro, se usa el símbolo %. Pues bien, si se desea mostrar en el mensaje el símbolo % como literal o texto, se debe escribir %%. El procedimiento quedará como sigue:

```
CREATE OR REPLACE PROCEDURE SubirSalario (numEmple int)
LANGUAGE plpgsql
AS $$
DECLARE
pue Empleado.Puesto%TYPE;
porcen int;
BEGIN
SELECT puesto INTO pue
FROM Empleado WHERE NumEmp = numEmple;
IF pue = 'Gerente' THEN
    porcen := 2;
ELSIF pue = 'Director' THEN
    porcen := 3;
ELSIF pue = 'Vendedor' THEN
    porcen := 4;
ELSE
    porcen := 5;
END IF;
UPDATE Empleado SET Salario = Salario + Salario * porcen / 100
WHERE NumEmp = numEmple;
RAISE NOTICE 'El salario del empleado número % se ha subido
            un % %%.', numEmple, porcen;
END $$;
```

Ejecutemos este procedimiento para incrementar el salario de la empleada número 11. Como se trata de una vendedora, su salario se verá incrementado un 4 %.

```
postgres=# CALL SubirSalario(11);
NOTICE:  El salario del empleado número 11 se ha subido un 4 %.
CALL
```

- Estructura alternativa múltiple con CASE simple: esta estructura presenta la siguiente sintaxis:

```
CASE expresión _ búsqueda
WHEN expresión₁₁ [,expresión₁₂ [...]] THEN
    instrucciones₁;
WHEN expresión₂₁ [,expresión₂₂ [...]] THEN
    instrucciones₂;
WHEN expresión₃₁ [,expresión₃₂ [...]] THEN
    Instrucciones₃;
...
[ELSE
    instruccionesₙ₊₁;]
END CASE;
```

El funcionamiento es el siguiente:

— Se evalúa expresión_búsqueda.

— Si el valor de expresión_búsqueda coincide con $expresión_{11}$ o $expresión_{12}$ o ..., se ejecuta $instrucciones_1$ y termina la sentencia CASE; si no,

— Si el valor de expresión_búsqueda coincide con $expresión_{21}$ o $expresión_{22}$ o ..., se ejecuta $instrucciones_2$ y termina la sentencia CASE; si no,

— Si el valor de expresión_búsqueda coincide con $expresión_{31}$ o $expresión_{32}$ o ..., se ejecuta $instrucciones_3$ y termina la sentencia CASE; si no,

— Si el valor de expresión no coincide con ninguno de los valores indicados en cada WHEN, se genera la excepción CASE_NOT_FOUND. Sin embargo, si hay cláusula else, se ejecuta $instrucciones_{n+1}$ y finaliza la sentencia CASE.

Se va a reescribir el procedimiento del apartado anterior con una sentencia CASE. Ambos procedimientos son equivalentes.

```
CREATE OR REPLACE PROCEDURE SubirSalario (numEmple int)
LANGUAGE plpgsql
AS $$
DECLARE
pue Empleado.Puesto%TYPE;
porcen int;
BEGIN
SELECT puesto INTO pue
FROM Empleado WHERE NumEmp = numEmple;
CASE pue
WHEN 'Gerente' THEN
    porcen := 2;
WHEN 'Director' THEN
    porcen := 3;
WHEN 'Vendedor' THEN
    porcen := 4;
```

```
ELSE
    porcen := 5;
END CASE;
UPDATE Empleado SET Salario = Salario + Salario * porcen / 100
WHERE NumEmp = numEmple;
RAISE NOTICE 'El salario del empleado número % se ha subido
            un % %%.', numEmple, porcen;
END $$;
```

- Estructura alternativa múltiple con CASE de búsqueda: esta estructura presenta la siguiente sintaxis:

```
CASE
WHEN condición₁ THEN
    instrucciones₁;
WHEN condición₂ THEN
    instrucciones₂;
WHEN condición₃ THEN
    instrucciones₃;
...
[ELSE
    instrucciones_{n+1};]
END CASE;
```

Su funcionamiento es el siguiente:

— Se comprueba $condición_1$. Si se cumple, se ejecuta $instrucciones_1$ y termina la sentencia CASE.

— Si no se cumple $condición_1$, se evalúa $condición_2$. Si se cumple, se ejecuta $instrucciones_2$ y termina la sentencia CASE.

— Si no se cumple $condición_2$, se evalúa $condición_3$. Si se cumple, se ejecuta $instrucciones_3$ y termina la sentencia CASE.

— Si no se cumple ninguna de las condiciones especificadas en cada WHEN, se genera la excepción CASE_NOT_FOUND. Sin embargo, si hay cláusula ELSE se ejecuta $instrucciones_{n+1}$ y finaliza la sentencia CASE.

Como se puede observar, el funcionamiento de esta estructura es igual que el de la estructura alternativa múltiple con IF con la salvedad de que en el caso del CASE de búsqueda, ni no se cumple ninguna de las condiciones se genera una excepción, mientras que en el caso del IF, no se hace nada.

Vamos a reescribir el procedimiento anterior con este tipo de sentencia CASE. Este procedimiento es totalmente equivalente al creado con la estructura CASE simple.

```
CREATE OR REPLACE PROCEDURE SubirSalario (numEmple int)
LANGUAGE plpgsql
AS $$
DECLARE
pue Empleado.Puesto%TYPE;
porcen int;
BEGIN
SELECT puesto INTO pue
FROM Empleado WHERE NumEmp = numEmple;
CASE
WHEN pue = 'Gerente' THEN
    porcen := 2;
WHEN pue = 'Director' THEN
    porcen := 3;
WHEN pue = 'Vendedor' THEN
    porcen := 4;
ELSE
    porcen := 5;
END CASE;
UPDATE Empleado SET Salario = Salario + Salario * porcen / 100
WHERE NumEmp = numEmple;
RAISE NOTICE 'El salario del empleado número % se ha subido
              un % %%.', numEmple, porcen;
END $$;
```

Estructuras repetitivas

Las estructuras repetitivas son otro tipo de estructuras de control necesarias en todo lenguaje de programación. Una estructura repetitiva permite repetir una secuencia de instrucciones un número determinado de veces. Se pueden emplear con PL/pgSQL las siguientes estructuras repetitivas:

- Estructura repetitiva WHILE: se trata de una estructura repetitiva de 0 a n, lo que quiere decir que el conjunto de instrucciones que se repiten o que forman parte del bucle puede que no se ejecute ninguna vez, una vez o más veces.

En la estructura repetitiva WHILE se comprueba una determinada condición. Si se cumple, se ejecuta una secuencia de instrucciones; en caso contrario, finaliza el bucle. Tras ejecutar la secuencia de instrucciones, se vuelve a comprobar la condición y si se cumple, se vuelve a ejecutar la secuencia de instrucciones, y así sucesivamente. En el momento en que no se cumpla la condición, finaliza el bucle.

La sintaxis de esta estructura es la siguiente:

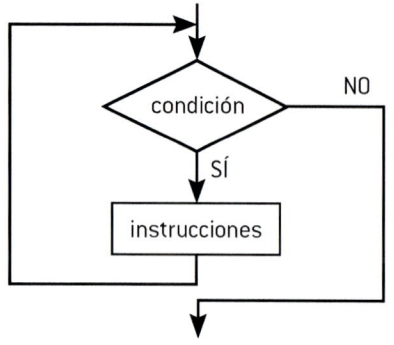

```
WHILE condición LOOP
    instrucción₁;
    instrucción₂;
    ...
    instrucciónₙ;
END LOOP;
```

Se va a crear a continuación un procedimiento con una sentencia WHILE que reciba un número entero y se encargue de mostrar en pantalla la suma de todos los números enteros comprendidos entre 1 y el pasado como parámetro (ambos incluidos). Este procedimiento, lo primero que hará es comprobar si el número introducido es cero o negativo, porque en tal caso, se deberá mostrar un mensaje de error. En caso contrario, se deberá realizar la suma de todos los números entre 1 y *maximo* (parámetro recibido).

Para calcular esta suma necesitamos dos variables:

— Una, a la que se ha llamado *i*, la cual va conteniendo todos los números comprendidos entre 1 y *maximo*. Por este motivo, esta variable se inicializa con valor 1 y en cada iteración del bucle se incrementa en una unidad y así sucesivamente mientras que *i* sea menor o igual que *maximo* porque cuando *i* tome un valor mayor que *maximo* no deberemos seguir realizando sumas.

— Otra variable, a la que se ha llamado *suma*, la cual va a contener la suma de los números en cada momento. Esta variable habrá de inicializarse con valor 0 y en cada iteración del bucle se incrementará con el valor de *i*. De esta manera, al salir del bucle tomará como valor la suma de los números entre 1 y *maximo*. Por ello, al salirse del bucle se muestra en pantalla su valor.

Se muestra a continuación el código del procedimiento y dos llamadas al mismo:

— En la primera de ellas se llama al procedimiento pasándole como parámetro un número negativo (-3), motivo por el cual debe mostrar un mensaje de error en pantalla.

— En la segunda se llama al procedimiento con valor 6, por lo que el procedimiento debe calcular la siguiente suma: 1+2+3+4+5+6, que es 21, como efectivamente se muestra en pantalla.

```
CREATE OR REPLACE PROCEDURE SumarNumeros (maximo int)
LANGUAGE plpgsql
AS $$
DECLARE
i int := 1;
suma int := 0;
BEGIN
IF maximo < 1 THEN
    RAISE NOTICE 'El número pasado como parámetro debe ser
                mayor que cero';
ELSE
    WHILE i <= maximo LOOP
        suma := suma + i;
        i := i + 1;
    END LOOP;
    RAISE NOTICE 'La suma de los números comprendidos entre 1
                y % es %.', maximo, suma;
END IF;
END $$;

postgres=# CALL SumarNumeros (-3);
NOTICE:  El número pasado como parámetro debe ser mayor que
cero
CALL
postgres=# CALL SumarNumeros (6);
NOTICE:  La suma de los números comprendidos entre 1 y 6 es 21.
CALL
```

- **Estructura repetitiva FOR**: se trata de una estructura repetitiva muy similar a la estructura WHILE, por tanto, también repetitiva de 0 a n, y con la característica de que hay una variable entera que toma un rango de valores especificado. Su sintaxis es la siguiente:

```
FOR nombreVar IN [REVERSE] valor_i..valor_f [BY incremento] LOOP
    instrucción_1;
    instrucción_2;
    ...
    instrucción_n;
END LOOP;
```

La variable *nombreVar* se crea automáticamente para el bucle FOR y solo es accesible dentro de él. El funcionamiento de un bucle FOR es el siguiente:

1. Se asigna a la variable *nombreVar* el resultado de evaluar *valor_i* (valor inicial).

2. Se comprueba si *valor_i* es menor o igual que *valor_f* (valor final). Si no lo es, finaliza el bucle FOR; en caso contrario,

3. Se ejecutan las instrucciones dentro del bucle FOR (de instrucción_1 a instrucción_n).

4. Se incrementa el valor de *nombreVar* en una unidad si no se ha especificado cláusula BY. En caso contrario, se incrementa en tantas unidades como indique *incremento*.

5. Se vuelve al paso 2.

Por tanto, un bucle FOR es totalmente equivalente al siguiente bucle WHILE, si bien en caso de emplear un bucle WHILE, habría que declarar la variable *nombreVar*.

```
nombreVar := valor_i;
WHILE nombreVar <= valor_f LOOP
    instrucción_1;
    instrucción_2;
    ...
    instrucción_n;
    nombreVar := nombreVar + incremento;
END LOOP;
```

En el siguiente procedimiento se muestran todos los números comprendidos entre 1 y el parámetro del procedimiento (*maximo*), pero sumando 2 en cada iteración del bucle. En caso de recibir un parámetro inferior a 1, mostramos un mensaje por pantalla. Se muestran dos ejemplos de llamada:

```
CREATE OR REPLACE PROCEDURE NumerosDe2En2 (maximo int)
LANGUAGE plpgsql
AS $$
DECLARE
BEGIN
IF maximo < 1 THEN
    RAISE NOTICE 'El número pasado como parámetro debe ser
                mayor que cero';
ELSE
    FOR i IN 1..maximo BY 2 LOOP                    .
        RAISE NOTICE 'Número %.', i;
    END LOOP;
END IF;
END $$;

postgres=# CALL NumerosDe2En2 (0);
NOTICE:  El número pasado como par metro debe ser mayor que
cero
CALL

postgres=# CALL NumerosDe2En2 (9);
NOTICE:  Número 1.
NOTICE:  Número 3.
NOTICE:  Número 5.
NOTICE:  Número 7.
NOTICE:  Número 9.
CALL
```

En caso de escribir la palabra REVERSE después de IN, en lugar de incrementar la variable *nombreVar*, se decrementa en una unidad o en el valor especificado en *incremento*. El siguiente procedimiento muestra todos los números desde *inicio* hasta 1 en orden descendente. Si el número recibido como parámetro (*inicio*) es menor que 1, se muestra un mensaje de error:

```
CREATE OR REPLACE PROCEDURE NumerosDeMasAMenos (inicio int)
LANGUAGE plpgsql
AS $$
DECLARE
BEGIN
IF inicio < 1 THEN
    RAISE NOTICE 'El número pasado como parámetro debe ser ma-
                yor que cero';
ELSE
    FOR i IN REVERSE inicio..1 LOOP
        RAISE NOTICE 'Número %.', i;
    END LOOP;
END IF;
END $$;

postgres=# CALL NumerosDeMasAMenos(-2);
NOTICE:  El número pasado como parámetro debe ser mayor que
cero
CALL
postgres=# CALL NumerosDeMasAMenos(4);
NOTICE:  Número 4.
NOTICE:  Número 3.
NOTICE:  Número 2.
NOTICE:  Número 1.
CALL
```

- Estructura repetitiva FOR para iterar sobre el resultado de una consulta: su sintaxis es la siguiente:

```
FOR nombreVar IN consulta LOOP
    instrucción₁;
    instrucción₂;
    …
    instrucciónₙ;
END LOOP;
```

La variable *nombreVar* almacena en cada iteración del bucle los valores recuperados de la primera fila, segunda fila, y así sucesivamente. Esta variable se debe declarar explícitamente como de tipo *record*. Habrá tantas iteraciones o pasadas por el bucle FOR como filas en el resultado de la consulta.

El siguiente bloque anónimo muestra para los empleados del esquema *empresa* que cobran más de 2000 €, su nombre, salario y comisión:

```
DO $$
DECLARE
emple RECORD;
BEGIN
FOR emple IN SELECT NomEmp, Salario, Comision
           FROM Empleado
           WHERE Salario > 2000
LOOP
   RAISE NOTICE '
%. Salario: % €. Comisión: % €',
emple.NomEmp, emple.Salario,
emple.Comision;
END LOOP;
END $$;
NOTICE: Alberto Rey Ruiz. Salario: 6434.22 €. Comisión: 0.00 €
NOTICE: Luis Grande Gil. Salario: 3743.54 €. Comisión: 0.00 €
NOTICE: Albert Rius García. Salario: 3626.56 €. Comisión: 0.00 €
NOTICE: Esther Gómez Bilbao. Salario: 3275.60 €. Comisión: 0.00 €
NOTICE: Sandra Rojo Núñez. Salario: 2222.73 €. Comisión: 400.00 €
DO
```

- **Estructura repetitiva LOOP**: en esta estructura repetitiva las instrucciones que forman parte del bucle se repiten indefinidamente hasta que finaliza por la ejecución de una instrucción RETURN o EXIT. La instrucción EXIT provoca la terminación del bucle, mientras que RETURN termina la ejecución de una función y devuelve el valor indicado después de RETURN.

  Para que el bucle no se ejecute indefinidamente, es necesario que haya dentro del bucle alguna instrucción condicional de forma que si se cumple dicha condición finalice el bucle ejecutando una instrucción EXIT o RETURN.

  Por ejemplo, se crea una nueva versión del procedimiento *NumerosDe2En2* usando un bucle LOOP, dentro del cual, después de incrementar la variable *i* dentro del bucle, si el número resultado es mayor que el máximo, se produce la salida del bucle con una instrucción EXIT.

```
CREATE OR REPLACE PROCEDURE NumerosDe2En2b (maximo int)
LANGUAGE plpgsql
AS $$
DECLARE
i int := 1;
BEGIN
IF maximo < 1 THEN
   RAISE NOTICE 'El número pasado como parámetro debe ser
                 mayor que cero';
```

```
ELSE
   LOOP
      RAISE NOTICE 'Número %.', i;
      i := i + 2;
      IF i > maximo THEN
            EXIT;
      END IF;
   END LOOP;
END IF;
END $$;

postgres=# CALL NumerosDe2En2b (8);
NOTICE:   Número 1.
NOTICE:   Número 3.
NOTICE:   Número 5.
NOTICE:   Número 7.
CALL
```

1.3.4. Librerías de funciones

En PostgreSQL existen multitud de funciones, que se van a agrupar en diversos tipos que se exponen en las siguientes subsecciones.

Funciones y operadores de comparación

Para comparar en PostgreSQL se pueden emplear diversos operadores: <, <=, >, >=, =, !=, <>, in, between, is, y, además, las siguientes funciones:

- GREATEST (valor$_1$, valor$_2$, ..., valor$_n$): devuelve el valor mayor de los pasados como parámetro. En caso de que se trate de cadenas de caracteres, devuelve la mayor por orden alfabético. Por ejemplo:

```
SELECT GREATEST (25, 4, 123, -5, 0, -12);
 greatest
----------
      123
(1 fila)

SELECT GREATEST ('Ana', 'Jose', 'Anita', 'Santi');
 greatest
----------
 Santi
(1 fila)
```

- LEAST (valor$_1$, valor$_2$, ..., valor$_n$): devuelve el valor menor de los pasados como parámetro. En caso de que se trate de cadenas de caracteres, devuelve la menor por orden alfabético. Por ejemplo:

```
SELECT LEAST (25, 4, 123, -5, 0, -12);
 least
-------
   -12
(1 fila)


SELECT LEAST ('Ana', 'Jose', 'Anita', 'Santi');
 least
-------
 Ana
(1 fila)
```

Funciones y operadores para cadenas de caracteres

En PostgreSQL se usa el operador ‖ para concatenar o unir cadenas de caracteres. Ejemplo:

```
SELECT 'El' || ' SGBD ' || 'Postgre' || 'SQL';
      ?column?
--------------------
 El SGBD PostgreSQL
(1 fila)
```

Entre las funciones de cadenas de caracteres cabe destacar las siguientes:

- CHAR_LENGTH (cadena) o CHARACTER_LENGTH (cadena) o LENGTH (cadena): devuelve la longitud en caracteres de la cadena pasada como parámetro. Por ejemplo:

```
SELECT CHAR _ LENGTH('PostgreSQL');
 char _ length
-------------
          10
(1 fila)
```

- CONCAT (cadena$_1$, cadena$_2$, ..., cadena$_n$): devuelve una cadena formada al unir o concatenar en el orden indicado todas las cadenas pasadas como parámetro. Se ignoran los argumentos con valor nulo. Por ejemplo:

```
SELECT CONCAT ('Desarrollo', ' ', 'de', ' ', 'programas' );
        concat
------------------------
 Desarrollo de programas
(1 fila)
```

- CONCAT_WS (separador, cadena$_1$, cadena$_2$, ..., cadena$_n$): devuelve una cadena formada al unir o concatenar en el orden indicado todas las cadenas pasadas como parámetros poniendo como separador entre todas las cadenas el carácter indicado como primer parámetro. Así, en el siguiente ejemplo se usa un espacio en blanco como carácter separador entre las cadenas que concatenar:

```
SELECT CONCAT_WS (' ', 'José Manuel', 'Piñeiro', 'Gómez');
        concat_ws
--------------------------
 José Manuel Piñeiro Gómez
(1 fila)
```

- INITCAP (cadena): devuelve la cadena pasada como parámetro, pero la primera letra de cada palabra en mayúsculas y el resto en minúsculas. Por ejemplo:

```
SELECT INITCAP('bases DE DATOS');
     initcap
----------------
 Bases De Datos
(1 fila)
```

- LOWER (cadena): devuelve la cadena pasada como parámetro, pero con todos sus caracteres en minúsculas. Por ejemplo:

```
SELECT LOWER('BASES DE DATOS');
      lower
----------------
 bases de datos
(1 fila)
```

- LEFT (cadena, n): devuelve los n primeros caracteres de la cadena. Si n es negativo, elimina los n últimos caracteres. Por ejemplo:

```
SELECT LEFT('BASES DE DATOS', 5);
 left
-------
 BASES
(1 fila)
```

```
SELECT LEFT('BASES DE DATOS', -5);
   left
-----------
 BASES DE
(1 fila)
```

- LPAD (cadena, longitud[, carácter de relleno]): devuelve la cadena rellenada por la izquierda con el carácter de relleno hasta que la cadena resultante adquiere la longitud indicada. Si no se especifica carácter de relleno, se supone un espacio en blanco por defecto. Por ejemplo:

```
SELECT LPAD('Qué', 5, '¿');
 lpad
-------
 ¿¿Qué
(1 fila)
```

Si la cadena tiene una longitud mayor que la pasada como segundo parámetro, la cadena se acorta a la longitud indicada. Por ejemplo:

```
SELECT LPAD('Qué', 2, '¿');
 lpad
------
 Qu
(1 fila)
```

- LTRIM (cadena[, caracteres]): devuelve la cadena con los caracteres indicados eliminados desde el inicio. Si no se especifica el segundo parámetro,
  se supone un espacio en blanco. Por ejemplo:

```
SELECT LTRIM('     Bases de datos');
      ltrim
---------------
 Bases de datos
(1 fila)


SELECT LTRIM('aabbccPostgreSQL', 'bac');
    ltrim
-----------
 PostgreSQL
(1 fila)
```

- POSITION (subcadena IN cadena): devuelve la primera posición de la subcadena dentro de la cadena o cero si no está presente. Por ejemplo:

```
SELECT POSITION ('dato' IN 'Bases de datos');
 position
----------
       10
(1 fila)


SELECT POSITION ('SQL' IN 'Bases de datos');
 position
----------
        0
(1 fila)
```

- REPEAT (cadena, número): devuelve la cadena repetida tantas veces como
  indica el número pasado como parámetro. Por ejemplo:

```
SELECT REPEAT ('base', 4);
      repeat
----------------
 basebasebasebase
(1 fila)
```

- REPLACE (cadena, subcadena₁, subcadena₂): devuelve la cadena con todas las ocurrencias de subcadena₁ sustituidas por subcadena₂. Por ejemplo:

```
SELECT REPLACE ('Bases de datos', 'a', 'e');
     replace
----------------
 Beses de detos
(1 fila)
```

- REVERSE (cadena): devuelve la cadena con todos los caracteres en el orden invertido. Por ejemplo:

```
SELECT REVERSE ('datos');
reverse
---------
 sotad
(1 fila)
```

- RIGHT (cadena, n): devuelve los n últimos caracteres de la cadena. Si n es negativo, elimina los n primeros caracteres. Por ejemplo:

```
SELECT RIGHT('BASES DE DATOS', 5);
right
-------
 DATOS
(1 fila)

SELECT RIGHT('BASES DE DATOS', -5);
   right
-----------
   DE DATOS
(1 fila)
```

- RPAD (cadena, longitud[, carácter de relleno]): devuelve la cadena rellenada por la derecha con el carácter de relleno hasta que la cadena resultante adquiere la longitud indicada. Si no se indica carácter de relleno, se supone por defecto un espacio en blanco. Por ejemplo:

```
SELECT RPAD ('Hola', 8, '!');
   rpad
----------
 Hola!!!!
(1 fila)
```

- RTRIM (cadena[, caracteres]): devuelve la cadena con los caracteres finales indicados como segundo parámetro eliminados. Si no se indica segundo parámetro, se supone un espacio en blanco. Por ejemplo:

```
SELECT RTRIM ('Bases de datos            ');
     rtrim
---------------
 Bases de datos
(1 fila)


SELECT RTRIM ('Bases de datosssss' ,'s');
     rtrim
---------------
 Bases de dato
(1 fila)
```

- STARTS_WITH (cadena$_1$, cadena$_2$): devuelve verdadero si cadena$_1$ comienza con cadena$_2$. Ejemplos:

```
SELECT STARTS _ WITH('Bases de datos', 'B');
starts _ with
-------------
 t
(1 fila)


SELECT STARTS _ WITH('Bases de datos', ' ');
 starts _ with
-------------
 f
(1 fila)
```

- STRPOS (cadena, subcadena): devuelve la posición de la primera aparición de la subcadena en la cadena, o bien un cero si no está presente. Tiene la misma utilidad que la función POSITION (subcadena IN cadena). Ejemplos:

```
SELECT STRPOS ('Bases de datos', 'dato');
strpos
--------
     10
(1 fila)


SELECT STRPOS ('Bases de datos', 'SQL');
 strpos
--------
      0
(1 fila)
```

- SUBSTR (cadena, posición[, cantidad]): devuelve una subcadena de la cadena pasada como parámetro empezando por la posición indicada y tantos caracteres como se indican en cantidad o hasta el final, si no se indica. Ejemplos:

```
SELECT SUBSTR('Bases de datos', 10, 4);
 substr
--------
 dato
(1 fila)

SELECT SUBSTR('Bases de datos', 10);
 substr
--------
 datos
(1 fila)
```

- SUBSTRING (cadena [FROM posición] [FOR cantidad]): devuelve una subcadena de la cadena pasada como parámetro empezando por la posición indicada después de FROM y tantos caracteres como se indican después de FOR. Hay que indicar el segundo o el tercer parámetro obligatoriamente. Ejemplos:

```
SELECT SUBSTRING('Bases de datos' FROM 10 FOR 4);
 substring
-----------
 dato
(1 fila)

SELECT SUBSTRING('Bases de datos' FROM 10);
 substring
-----------
 datos
(1 fila)

SELECT SUBSTRING('Bases de datos' FOR 5);
 substring
-----------
 Bases
(1 fila)
```

- TRIM ([[LEADING | TRAILING | BOTH] [caracteres] FROM cadena): devuelve la cadena pasada como parámetro eliminando de la misma los caracteres indicados del principio (si se especifica LEADING), del final (si se especifica TRAILING) o de ambos lados (si se especifica BOTH o si no se indica nada). Si no se especifica ningún carácter, se eliminan espacios en blanco. Por ejemplo:

```
SELECT TRIM(FROM '   Bases de datos        ');
     btrim
---------------
 Bases de datos
(1 fila)


SELECT TRIM(TRAILING '*' FROM 'Bases de datos*****');
     rtrim
---------------
 Bases de datos
(1 fila)
```

- UPPER (cadena): devuelve la cadena pasada como parámetro, pero con todas sus letras en mayúsculas. Por ejemplo:

```
SELECT UPPER('Bases de datos');
     upper
---------------
 BASES DE DATOS
(1 fila)
```

Funciones matemáticas

Se van a exponer a continuación las funciones matemáticas más ampliamen-
te utilizadas:

- ABS (número): devuelve el valor absoluto del número, es decir, el número
sin signo. Por ejemplo:

```
SELECT ABS(-12);
 abs
-----
  12
(1 fila)


SELECT ABS(8);
 abs
-----
   8
(1 fila)
```

- CBRT (número): devuelve la raíz cúbica del número. Por ejemplo:

```
SELECT CBRT(64);
 cbrt
------
    4
(1 fila)
```

```
SELECT CBRT(-120);
       cbrt
-------------------
 -4.93242414866094
(1 fila)
```

- CEIL (número) o CEILING (número): devuelve el número entero más pequeño mayor o igual que el pasado como parámetro. Es un redondeo al alza
  que genera un número entero. Por ejemplo:

```
SELECT CEIL(3.14);
 ceil
------
    4
(1 fila)
```

```
SELECT CEIL(-3.14);
 ceil
------
   -3
(1 fila)
```

- PI (): devuelve el valor del número π (pi). Por ejemplo:

```
SELECT PI();
       pi
------------------
 3.14159265358979
(1 fila)
```

- DEGREES (radianes): convierte radianes a grados. Ten en cuenta que π radianes son 180 grados. Por ejemplo:

```
SELECT DEGREES (PI() / 2);
 degrees
---------
      90
(1 fila)
```

- DIV (dividendo, divisor): devuelve un número entero que es el cociente de
  la división entre el dividendo y el divisor. Por ejemplo:

```
SELECT DIV(12, 5);
 div
-----
   2
(1 fila)
```

```
SELECT DIV(-20, 8);
 div
-----
  -2
(1 fila)
```

- EXP (número): devuelve el valor del número *e* elevado al número pasado como parámetro. Por ejemplo:

```
SELECT EXP(1);
       exp
----------------
 2.71828182845905
(1 fila)


SELECT EXP(-2);
        exp
------------------
 0.135335283236613
(1 fila)
```

- FACTORIAL (número): devuelve el factorial del número. Por ejemplo:

```
SELECT FACTORIAL(4);
 factorial
-----------
        24
(1 fila)
```

- FLOOR (número): devuelve el número entero más grande menor o igual que el pasado como parámetro. Es un redondeo a la baja que genera un número entero. Por ejemplo:

```
SELECT FLOOR(5.9);
 floor
-------
     5
(1 fila)


SELECT FLOOR(-5.4);
 floor
-------
    -6
(1 fila)
```

- GCD (número1, número2): devuelve el máximo común divisor (mcd) de los dos números, es decir, el número positivo más grande que divide sin resto a los dos números. Por ejemplo:

```
SELECT GCD(24, 30);
 gcd
-----
    6
(1 fila)

SELECT GCD(10, 24);
 gcd
-----
    2
(1 fila)
```

- LCM (número1, número2): devuelve el mínimo común múltiplo (mcm) de los dos números, es decir, el número positivo más pequeño múltiplo de los dos números. Por ejemplo:

```
SELECT LCM(24, 30);
 lcm
-----
 120
(1 fila)

SELECT LCM(8, 6);
 lcm
-----
   24
(1 fila)
```

- LN (número): devuelve el logaritmo neperiano del número pasado como parámetro. Por ejemplo:

```
SELECT LN(EXP(1));
 ln
----
   1
(1 fila)

SELECT LN(3);
        ln
------------------
 1.09861228866811
(1 fila)

SELECT LN(-2);
ERROR:  no se puede calcular logaritmo de un número negativo
```

- LOG10 (número): devuelve el logaritmo en base 10 del número pasado como parámetro. Por ejemplo:

```
SELECT LOG10(100);
 log
-----
    2
(1 fila)


SELECT LOG10(0.1);
         log
--------------------
 -1.0000000000000000
(1 fila)
```

- LOG (base, número): devuelve el logaritmo en la base especificada del número pasado como parámetro. Por ejemplo:

```
SELECT LOG(2, 64);
         log
--------------------
 6.0000000000000000
(1 fila)


SELECT LOG(2, -0.5);
ERROR:  no se puede calcular logaritmo de un número negativo


SELECT LOG(2, 0.5);
         log
--------------------
 -1.0000000000000000
(1 fila)
```

- MOD (dividendo, divisor) o dividendo % divisor o dividendo MOD divisor: devuelve el resto de la división del dividendo entre el divisor. Por ejemplo:

```
postgres=# SELECT MOD(12, 5);
 mod
-----
    2
(1 fila)


postgres=# SELECT MOD(-20, 8);
 mod
-----
   -4
(1 fila)
```

- POWER (base, exponente): devuelve la base elevada al exponente. Por ejemplo:

```
SELECT POWER(4, 3);
 power
-------
     64
(1 fila)

SELECT POWER(3, -2);
        power
------------------
 0.111111111111111
(1 fila)
```

- **RADIANS (grados)**: convierte grados a radianes. Por ejemplo:

```
SELECT RADIANS(180);
      radians
------------------
 3.14159265358979
(1 fila)
```

- **RANDOM ()**: devuelve un número aleatorio entre 0 y 1. Por ejemplo:

```
SELECT RANDOM();
       random
--------------------
 0.03620246242760672
(1 fila)
```

- **ROUND (número)**: devuelve el número pasado como parámetro redondeado al número entero más cercano. Por ejemplo:

```
SELECT ROUND(5.6);
 round
-------
     6
(1 fila)

SELECT ROUND(-12.45);
 round
-------
    -12
(1 fila)
```

- **ROUND (número, número de decimales)**: devuelve el número pasado como parámetro redondeado con el número de decimales indicado. Por ejemplo:

```
SELECT ROUND(12.4567, 3);
 round
--------
 12.457
(1 fila)
```

```
SELECT ROUND(-20.359, 1);
 round
-------
 -20.4
(1 fila)
```

- **SCALE (NUMERO):** devuelve el número de decimales del número pasado como parámetro. Por ejemplo:

```
SELECT SCALE(12.3456);
 scale
-------
     4
(1 fila)


SELECT SCALE(24);
 scale
-------
     0
(1 fila)
```

- **SIGN (NUMERO):** devuelve el signo del número pasado como parámetro (1 si es positivo, -1 si es negativo o cero). Por ejemplo:

```
SELECT SIGN(24);
 sign
------
    1
(1 fila)


SELECT SIGN(-105);
 sign
------
   -1
(1 fila)


SELECT SIGN(0);
 sign
------
    0
(1 fila)
```

- **SQRT (número):** devuelve la raíz cuadrada del número no negativo pasado como parámetro. Por ejemplo:

```
SELECT SQRT(16);
 sqrt
------
    4
(1 fila)
```

```
SELECT SQRT(1000);
        sqrt
-----------------
 31.6227766016838
(1 fila)


SELECT SQRT(-4);
ERROR:  no se puede calcular la raíz cuadrada un de número negativo
```

- **TRIM_SCALE (número)**: reduce la escala del número pasado como parámetro, es decir, el número de dígitos decimales, eliminando los ceros del final sobrantes. Por ejemplo:

```
SELECT TRIM _ SCALE(24.56000);
 trim _ scale
------------
       24.56
(1 fila)


SELECT TRIM _ SCALE(1223.56);
 trim _ scale
------------
     1223.56
(1 fila)
```

- **TRUNC (número)**: devuelve el número pasado como parámetro sin decimales. Por ejemplo:

```
SELECT TRUNC(-12.2356);
 trunc
-------
   -12
(1 fila)


SELECT TRUNC(1223.56);
 trunc
-------
  1223
(1 fila)
```

- **TRUNC (número, número de decimales)**: devuelve el número pasado como parámetro truncado al número de decimales indicado. Si el número de decimales es negativo, hace ceros tantos dígitos como indica el número de decimales. Por ejemplo:

```
SELECT TRUNC(-12.2356, 2);
 trunc
--------
 -12.23
(1 fila)
```

```
SELECT TRUNC(1223.56, -2);
 trunc
-------
   1200
(1 fila)
```

Funciones y operadores para fechas y horas

Trabajando con fechas, horas e intervalos se puede usar el operador + para lo siguiente:

- Añadir un número de días a una fecha. Por ejemplo:

```
SELECT DATE '2024-07-14' + 20;
   ?column?
------------
 2024-08-03
(1 fila)
```

- Añadir un intervalo a una fecha. Por ejemplo:

```
SELECT DATE '2024-07-14' + INTERVAL '26 HOUR';
       ?column?
--------------------
 2024-07-15 02:00:00
(1 fila)
```

- Añadir tiempo a una fecha. Por ejemplo:

```
SELECT DATE '2024-07-14' + TIME '16:00';
      ?column?
--------------------
 2024-07-14 16:00:00
(1 fila)
```

- Añadir un intervalo a otro intervalo. Por ejemplo:

```
SELECT INTERVAL '3 DAY' + INTERVAL '2 DAY 4 HOUR';
     ?column?
----------------
 5 days 04:00:00
(1 fila)
```

- Añadir un intervalo a una hora. Por ejemplo:

```
SELECT TIME '12:20' + INTERVAL '1 HOUR 4 MINUTE';
?column?
----------
 13:24:00
(1 fila)
```

Con fechas, horas e intervalos también se puede usar el operador -, con las siguientes opciones:

- Restar fechas, en cuyo caso se nos devuelve el número de días de diferencia entre las dos fechas. Por ejemplo:

```
SELECT DATE '2024-07-12' - DATE '2024-06-27';
 ?column?
----------
       15
(1 fila)
```

- Restar a una fecha un número de días. Por ejemplo:

```
SELECT DATE '2024-07-12' - 20;
  ?column?
-----------
 2024-06-22
(1 fila)
```

- Restar un intervalo a una fecha. Por ejemplo:

```
SELECT DATE '2024-07-14' - INTERVAL '26 HOUR';
      ?column?
--------------------
 2024-07-12 22:00:00
(1 fila)
```

- Restar dos horas. Por ejemplo:

```
SELECT TIME '12:23' - TIME '05:30';
 ?column?
----------
 06:53:00
(1 fila)
```

- Restar un intervalo a una hora. Por ejemplo:

```
SELECT TIME '12:23' - INTERVAL '4 HOURS';
 ?column?
----------
 08:23:00
(1 fila)
```

- Restar un intervalo a un instante (dato de tipo *timestamp*). Por ejemplo:

```
SELECT TIMESTAMP '2024-07-12 12:20' - INTERVAL '22 HOUR';
      ?column?
--------------------
 2024-07-11 14:20:00
(1 fila)
```

- Restar dos intervalos, lo que nos devuelve otro intervalo. Por ejemplo:

```
SELECT INTERVAL '2 DAY 12 HOUR' - INTERVAL '1 HOUR 4 MINUTE';
    ?column?
----------------
 2 days 10:56:00
(1 fila)
```

- Restar dos instantes de tiempo, lo que nos devuelve un intervalo. Por ejemplo:

```
SELECT TIMESTAMP '2024-08-20 03:00' - TIMESTAMP '2024-07-27 12:00';
    ?column?
----------------
 23 days 15:00:00
(1 fila)
```

Hay una serie de funciones que permite convertir datos de tipo fecha y hora a cadenas de caracteres formateadas (con formato), y viceversa. Todas estas funciones tienen como primer argumento el valor que se desea formatear y como segundo, una cadena que define el formato de la entrada o la salida. En esta cadena de formato se permiten varios especificadores, de los cuales los más relevantes son los siguientes:

Tabla 1.1. Especificadores de formato para fechas y horas

Especificador	Descripción
HH	Hora del día (01-12)
HH12	Hora del día (01-12)
HH24	Hora del día (00-23)
MI	Minutos (00-59)
SS	Segundos (00-59)
MS	Milisegundos (000-999)
FF1	Décimas de segundo (0-9)
FF2	Centésimas de segundo (00-99)
FF3	Milisegundos (000-999)
YYYY	Año (4 o más dígitos)
YY	2 últimos dígitos del año
MONTH	Nombre del mes en mayúsculas
Month	Nombre del mes con la primera letra mayúscula
month	Nombre del mes en minúsculas

Especificador	Descripción
MON	Nombre del mes abreviado (3 letras) en mayúsculas
Mon	Nombre del mes abreviado (3 letras) con la primera letra mayúscula
mon	Nombre del mes abreviado (3 letras) en minúsculas
DAY	Nombre del día de la semana en mayúsculas
Day	Nombre del día de la semana con la primera letra mayúscula
day	Nombre del día de la semana en minúsculas
DY	Nombre del día de la semana abreviado (3 letras) en mayúsculas
Dy	Nombre del día de la semana abreviado (3 letras) con la primera letra mayúscula
dy	Nombre del día de la semana abreviado (3 letras) en minúsculas
DDD	Día del año (000-366)
DD	Día del mes (01-31)
D	Número del día de la semana: de domingo (1) a sábado (7)
ID	Número del día de la semana: de lunes (1) a domingo (7)
CC	Siglo (2 dígitos)
Q	Trimestre

Las funciones para dar formato a fechas son las siguientes:

- TO_CHAR (instante, formato): transforma el instante de tiempo en una cadena de caracteres de acuerdo con el formato indicado. Por ejemplo:

```
SELECT TO _ CHAR (TIMESTAMP '2024-08-11 14:20:24', 'DD-Mon-YY
HH:MI:SS');
      to _ char
-------------------
 11-Aug-24 02:20:24
(1 fila)
```

- TO_CHAR (intervalo, formato): transforma el intervalo de tiempo en una cadena de caracteres de acuerdo con el formato indicado. Por ejemplo:

```
SELECT TO _ CHAR (INTERVAL '2 HOURS 3 MINUTES 10 SECONDS',
'HH:MI:SS');
 to _ char
----------
 02:03:10
(1 fila)
```

- TO_DATE (cadena, formato): transforma la cadena de texto que sigue el formato indicado en una fecha. Por ejemplo:

```
SELECT TO_DATE ('18 Aug 2024', 'DD Mon YYYY');
  to_date
------------
 2024-08-18
(1 fila)
```

- TO_TIMESTAMP (cadena, formato): transforma la cadena de texto que sigue el formato indicado en un instante de tiempo. Por ejemplo:

```
SELECT TO_TIMESTAMP ('18 Aug 2024', 'DD Mon YYYY');
     to_timestamp
----------------------
 2024-08-18 00:00:00+02
(1 fila)
```

Veamos a continuación las restantes funciones de fecha y hora de mayor relevancia:

- AGE (instante$_1$, instante$_2$): resta los dos instantes de tiempo y devuelve los años, meses y días de diferencia. Por ejemplo:

```
SELECT AGE (TIMESTAMP '2024-07-15', TIMESTAMP '1990-12-12');
          age
----------------------
 33 years 7 mons 3 days
(1 fila)
```

- AGE (instante): calcula la diferencia entre la fecha actual y el instante y devuelve los años, meses y días de diferencia. Por ejemplo:

```
SELECT AGE (TIMESTAMP '1980-08-08');
          age
----------------------
 43 years 11 mons 7 days
(1 fila)
```

- CURRENT_DATE: devuelve la fecha de hoy. Por ejemplo:

```
SELECT CURRENT_DATE;
current_date
--------------
 2024-07-15
(1 fila)
```

- CURRENT_TIME: devuelve la hora actual con zona horaria. Por ejemplo:

```
SELECT CURRENT_TIME;
    current_time
--------------------
 10:03:03.733577+02
(1 fila)
```

- CURRENT_TIME (precisión): devuelve la hora actual del día con zona horaria con la precisión indicada. La precisión es el número de cifras después de los segundos. Por ejemplo:

```
SELECT CURRENT _ TIME(2);
   current _ time
---------------
 12:57:51.86+02
(1 fila)
```

- CURRENT_TIMESTAMP: devuelve el día y la hora actuales con zona horaria. Por ejemplo:

```
SELECT CURRENT _ TIMESTAMP;
        current _ timestamp
-------------------------------
 2024-07-15 12:59:06.543589+02
(1 fila)
```

- CURRENT_TIMESTAMP (precisión): devuelve el día y la hora actuales con zona horaria con la precisión indicada. La precisión es el número de cifras después de los segundos. Por ejemplo:

```
SELECT CURRENT _ TIMESTAMP(1);
     current _ timestamp
-------------------------
 2024-07-15 12:59:53.1+02
(1 fila)
```

- DATE_PART (campo, instante): devuelve a partir del instante el campo indicado en formato texto. Es equivalente a EXTRACT (campo FROM instante). Por ejemplo:

```
SELECT DATE _ PART('HOUR', TIMESTAMP '2024-08-16 20:38:40');
date _ part
-----------
        20
(1 fila)
```

- DATE_PART (campo, intervalo): devuelve a partir del intervalo el campo indicado en formato texto. Es equivalente a EXTRACT (campo FROM intervalo). Por ejemplo:

```
SELECT DATE _ PART('MONTH', INTERVAL '2 YEARS 4 MONTHS 3 DAYS');
date _ part
-----------
         4
(1 fila)
```

- DATE_TRUNC (campo, instante): trunca el instante de tiempo al campo indicado en formato texto. Por ejemplo:

```
SELECT DATE _ TRUNC('HOUR', TIMESTAMP '2024-08-16 20:38:40');
    date _ trunc
--------------------
 2024-08-16 20:00:00
(1 fila)
```

- DATE_TRUNC (campo, intervalo): trunca el intervalo de tiempo al campo indicado en formato texto. Por ejemplo:

```
SELECT DATE _ TRUNC('HOUR', INTERVAL '2 DAYS 4 HOURS 24 MINUTES');
    date _ trunc
-----------------
 2 days 04:00:00
(1 fila)
```

- EXTRACT (campo FROM instante): devuelve del instante el campo indicado, como puede ser el año, el mes o la hora. El campo puede tomar uno de los siguientes valores: CENTURY (siglo), DAY (día del mes), DOW (día de la semana de 0 - Sunday a 6 - Saturday), HOUR (hora), ISODOW (día de la semana de 1 - Monday a 7 - Sunday), MICROSECONDS (microsegundos), MILLENIUM (milenio), MILLISECONDS (milisegundos), MINUTE (minutos), MONTH (número del mes de 1 a 12), QUARTER (trimestre del año de 1 a 4), SECOND (segundos), WEEK (número de la semana del año) y YEAR (año). Por ejemplo:

```
SELECT EXTRACT(MONTH FROM TIMESTAMP '2024-02-16 20:38:40');
 extract
---------
       2
(1 fila)


SELECT EXTRACT(YEAR FROM TIMESTAMP '2024-07-16');
 extract
---------
    2024
(1 fila)
```

- EXTRACT (campo FROM intervalo): devuelve del intervalo el campo indicado. Por ejemplo:

```
SELECT EXTRACT(MONTH FROM INTERVAL '2 YEARS 4 MONTHS 3 DAYS');
 extract
---------
       4
(1 fila)
```

- JUSTIFY_DAYS (intervalo): ajusta el intervalo de manera que los períodos de tiempo de 30 días se representan como meses. Por ejemplo:

```
SELECT JUSTIFY _ DAYS (INTERVAL '72 DAYS');
  justify _ days
---------------
 2 mons 12 days
(1 fila)
```

- JUSTIFY_HOURS (intervalo): ajusta el intervalo de manera que los períodos de tiempo de 24 horas se representan como días. Por ejemplo:

```
SELECT JUSTIFY _ HOURS (INTERVAL '28 HOURS');
 justify _ hours
---------------
 1 day 04:00:00
(1 fila)
```

- JUSTIFY_INTERVAL (intervalo): ajusta el intervalo usando JUSTITY_DAYS y JUSTIFY_HOURS con ajustes adicionales de signo. Por ejemplo:

```
SELECT JUSTIFY _ INTERVAL (INTERVAL '1 MONTH - 4 HOURS');
 justify _ interval
-----------------
 29 days 20:00:00
(1 fila)
```

- LOCALTIME: devuelve la hora actual del día. Por ejemplo:

```
SELECT LOCALTIME;
    localtime
---------------
 23:09:31.000787
(1 fila)
```

- LOCALTIME (precisión): devuelve la hora actual del día con la precisión indicada. La precisión es el número de cifras después de los segundos. Por ejemplo:

```
SELECT LOCALTIME(0);
 localtime
-----------
 23:12:14
(1 fila)

SELECT LOCALTIME(4);
    localtime
--------------
 23:12:57.0274
(1 fila)
```

- LOCALTIMESTAMP: devuelve la fecha y hora actuales. Por ejemplo:

```
SELECT LOCALTIMESTAMP;
      localtimestamp
--------------------------
 2024-07-13 23:15:03.57756
(1 fila)
```

- LOCALTIMESTAMP (precisión): devuelve la fecha y hora actuales con la precisión indicada. La precisión es el número de cifras después de los segundos. Por ejemplo:

```
SELECT LOCALTIMESTAMP(2);
      localtimestamp
-----------------------
 2024-07-13 23:15:10.24
(1 fila)
```

- MAKE_DATE (año, mes, día): devuelve una fecha a partir del año, mes y días pasados como parámetros. Por ejemplo:

```
SELECT MAKE _ DATE (2024, 7, 5);
 make _ date
------------
 2024-07-05
(1 fila)
```

- MAKE_TIME (horas, minutos, segundos): devuelve una hora creada a partir de las horas, minutos y segundos pasados como parámetro. Por ejemplo:

```
SELECT MAKE _ TIME (6, 17, 25);
 make _ time
-----------
 06:17:25
(1 fila)
```

- MAKE_TIMESTAMP (año, mes día, horas, minutos, segundos): devuelve un instante (dato de tipo *timestamp*) a partir de los datos pasados como parámetro. Por ejemplo:

```
SELECT MAKE _ TIMESTAMP (2024, 8, 19, 12, 4, 20);
   make _ timestamp
---------------------
 2024-08-19 12:04:20
(1 fila)
```

- NOW (): devuelve la fecha y hora actuales. Por ejemplo:

```
SELECT NOW ();
             now
-----------------------------
 2024-07-13 23:26:05.14457+02
(1 fila)
```

- TIMEOFDAY (): devuelve en una cadena de caracteres la fecha y hora actuales. Por ejemplo:

```
SELECT TIMEOFDAY ();
                timeofday
-----------------------------------
  Sat Jul 13 23:27:53.512086 2024 CEST
(1 fila)
```

- TRANSACTION_TIMESTAMP () o STATEMENT_TIMESTAMP (): devuelve la fecha y hora de inicio de la transacción actual. Por ejemplo:

```
SELECT TRANSACTION _ TIMESTAMP ();
     transaction _ timestamp
------------------------------
  2024-07-15 14:39:46.438666+02
(1 fila)
```

1.3.5. Funciones de información

PostgreSQL proporciona las siguientes funciones para obtener información acerca de la sesión y del sistema:

- CURRENT_CATALOG o CURRENT_DATABASE (): devuelve el nombre de la base de datos actual. Por ejemplo:

```
SELECT CURRENT _ CATALOG;
  current _ catalog
-----------------
  postgres
(1 fila)
```

- CURRENT_ROLE o CURRENT_USER () o USER: devuelve el nombre del usuario en el contexto de ejecución actual. Por ejemplo:

```
SELECT CURRENT _ USER;
current _ user
--------------
  postgres
(1 fila)
```

- CURRENT_SCHEMA o CURRENT_SCHEMA (): devuelve el nombre del primer esquema del camino de búsqueda de esquemas o un valor nulo si este camino está vacío. Por ejemplo:

```
SELECT CURRENT _ SCHEMA;
  current _ schema
---------------
  public
(1 fila)
```

- CURRENT_SCHEMAS (incluir_implícitos): devuelve los caminos actuales efectivos en el camino de búsqueda de esquemas en orden de prioridad. Se omiten los esquemas inexistentes o inalcanzables. Si el argumento toma valor *true*, se incluyen en el resultado también los esquemas del sistema implícitos a los que se tiene acceso. Por ejemplo:

```
SET SEARCH _ PATH TO pedidos, empresa, public;

SELECT CURRENT _ SCHEMAS(false);
     current _ schemas
-------------------------
  {pedidos,empresa,public}
(1 fila)

SELECT CURRENT _ SCHEMAS(true);
          current _ schemas
------------------------------------
  {pg _ catalog,pedidos,empresa,public}
(1 fila)
```

- INET_CLIENT_ADDR (): devuelve la dirección IP del cliente actual. Por ejemplo:

```
SELECT INET _ CLIENT _ ADDR ();
  inet _ client _ addr
------------------
  ::1
(1 fila)
```

- INET_CLIENT_PORT (): devuelve el número de puerto IP del cliente actual. Por ejemplo:

```
SELECT INET _ CLIENT _ PORT ();
  inet _ client _ port
------------------
          54930
(1 fila)
```

- INET_SERVER_ADDR (): devuelve la dirección IP sobre la que el servidor aceptó la conexión actual. Por ejemplo:

```
SELECT INET _ SERVER _ ADDR ();
  inet _ server _ addr
------------------
  ::1
(1 fila)
```

- INET_SERVER_PORT (): devuelve el número de puerto IP sobre el que el servidor aceptó la conexión actual. Por ejemplo:

```
SELECT INET _ SERVER _ PORT ();
 inet _ server _ port
-----------------
               5432
(1 fila)
```

- PG_BACKEND_PID (): devuelve el identificativo del proceso del servidor vinculado a la sesión actual. Por ejemplo:

```
SELECT PG _ BACKEND _ PID ();
 pg _ backend _ pid
---------------
             8376
(1 fila)
```

- PG_POSTMASTER_START_TIME (): devuelve el instante de tiempo en el que se inició el servidor. Por ejemplo:

```
SELECT PG _ POSTMASTER _ START _ TIME ();
   pg _ postmaster _ start _ time
-------------------------------
 2024-07-15 09:33:22.603577+02
(1 fila)
```

- SESSION_USER: devuelve el nombre del usuario de la sesión actual. Por ejemplo:

```
SELECT SESSION _ USER;
 session _ user
--------------
 postgres
(1 fila)
```

- VERSION (): devuelve la versión actual del servidor PostgreSQL. Por ejemplo:

```
SELECT VERSION ();
                       version
-----------------------------------------------------------
 PostgreSQL 16.3, compiled by Visual C++ build 1939, 64-bit
(1 fila)
```

1.4. Programación de módulos de manipulación de la base de datos: paquetes, procedimientos y funciones

Como es conocido, el lenguaje SQL es utilizado por PostgreSQL y otros SGBD relacionales como un lenguaje de consultas. Es un lenguaje portable y fácil de usar, pero cada orden SQL debe ser ejecutada individualmente por el SGBD. Esto conlleva que las aplicaciones *clientes* deben enviar cada consulta al servidor, esperar a que sea procesada, recibir y procesar los resultados, realizar algún cálculo o computación y enviar más consultas al servidor. Esto conlleva comunicación entre procesos y sobrecarga de la red en caso de que el cliente se encuentre en una máquina distinta de la del servidor de la base de datos.

Con el lenguaje PL/pgSQL se puede agrupar en un bloque un conjunto de computaciones y de consultas sobre la base de datos. De esta forma, es posible aprovechar las ventajas que proporciona un lenguaje procedural junto con la facilidad de uso de SQL y reducir la sobrecarga relacionada con las comunicaciones cliente/servidor.

En un lenguaje procedural, como PL/pgSQL se pueden crear subprogramas almacenados, que pueden ser de dos tipos: procedimientos o funciones. Una vez que se crea un subprograma, los clientes no necesitan ejecutar comandos individuales, sino que en su lugar pueden realizar una llamada al subprograma almacenado. Los subprogramas pueden mejorar el rendimiento, ya que se necesita enviar menos información entre el servidor y el cliente.

Una función es un subprograma almacenado que devuelve un valor, mientras que los procedimientos no devuelven ningún valor.

El uso del lenguaje PL/pgSQL permite un incremento considerable del rendimiento en relación con una aplicación que no haga uso de procedimientos y funciones. Además, se puede hacer uso en PL/pgSQL de todos los tipos de datos, operadores y funciones de SQL.

El lenguaje PL/pgSQL es un lenguaje estructurado en bloques. Todo bloque tiene la siguiente estructura:

```
[etiqueta]
[DECLARE
    declaraciones]
BEGIN
    Instrucciones
END [etiqueta];
```

La zona de declaraciones es opcional. Cada declaración y cada instrucción dentro de un bloque debe finalizar con el símbolo punto y coma (;). Sin embargo, el END que finaliza el cuerpo de un procedimiento o una función no requiere punto y coma.

En PL/psSQL se puede crear un bloque anónimo, es decir, un programa que se ejecute, pero que no se almacene en el servidor. Para ello, simplemente habrá que escribir la palabra DO delante del bloque.

En PL/pgSQL para mostrar un mensaje en pantalla se usa la siguiente instrucción:

```
RAISE NOTICE 'Texto del mensaje';
```

A modo de ejemplo, el siguiente bloque anónimo muestra simplemente el mensaje «¡Hola, mundo!» por pantalla. Se muestra después del bloque el resultado de su ejecución:

```
DO $$
BEGIN
RAISE NOTICE '¡Hola, mundo!';
END $$;
NOTICE:  Hola, mundo!
DO
```

En un procedimiento o en una función se pueden incluir comentarios para explicar cierto bloque de instrucciones complejos, explicar el cometido de una determinada variable, etc. Se pueden usar dos símbolos para los comentarios:

- El doble guion (--) se usa para iniciar un comentario que finaliza en la misma línea.

- Con /* se inicia un comentario que finaliza con */ y puede abarcar varias líneas.

1.4.1. Procedimientos

Todo subprograma, como en todos los lenguajes de programación, consta de una cabecera y un cuerpo:

- La cabecera del subprograma incluye:

  — El nombre del subprograma.

  — Los datos que recibe el subprograma, que reciben el nombre de parámetros. Por cada uno de ellos se indicará el nombre y el tipo de dato asociado.

  — El tipo del valor que devuelve, en el caso de que el subprograma sea una función.

- El cuerpo del subprograma, que incluye un bloque y, por tanto:

  — Una sección de declaraciones, que es opcional.

  — Una sección de instrucciones, que incluirá en el caso de tratarse de una función, de una instrucción para devolver el valor de retorno.

La instrucción para crear un procedimiento presenta la siguiente sintaxis:

```
CREATE [OR REPLACE] PROCEDURE Nombre _ Procedimiento (Lista _ Parámetros)
LANGUAGE plpgsql
AS Cuerpo _ Procedimiento;
```

A todo procedimiento hay que asignarle un nombre y se debe especificar obligatoriamente una lista de parámetros o datos que recibe el subprograma. Puede ocurrir que un subprograma no reciba parámetros, en cuyo caso se pondrán únicamente los paréntesis de apertura y de cierre.

El cuerpo del procedimiento contiene un bloque, si bien dentro de este bloque podría haber más bloques internos. Por tanto, la estructura detalla de la orden de creación de un procedimiento es:

```
CREATE [OR REPLACE] PROCEDURE Nombre _ Procedimiento (Lista _ Parámetros)
LANGUAGE plpgsql
AS etiqueta
[DECLARE
    declaraciones]
BEGIN
    Instrucciones
END etiqueta;
```

Se usa la opción OR REPLACE para que, si ya existe un procedimiento con el nombre indicado en el esquema correspondiente, sea sustituido por el que se está creando. En caso de que no exista, se crea.

Se debe usar la misma etiqueta para el comienzo y el final de un bloque. Es común utilizar para este fin la etiqueta $$.

La lista de parámetros tiene el siguiente formato:

```
([modo₁] Nombre _ Parámetro₁ tipo _ dato₁ [{DEFAULT | =}
valor _ inicial₁], [modo₂] Nombre _ Parámetro₂ tipo _ dato₂
[{DEFAULT | =} valor _ inicial₂], …)
```

Por cada parámetro se debe indicar en orden:

- El modo de paso del parámetro, que es opcional, y puede ser de entrada (IN), de salida (OUT) o de entrada/salida (INOUT). Si no se indica nada, se supone que es un parámetro de entrada. Se explica el tipo de paso de parámetros en el Apartado 1.4.3.

- El nombre del parámetro.

- El tipo de dato del parámetro.

- El valor inicial o valor por defecto del parámetro después de la palabra DEFAULT o el operador =. Este dato es opcional.

Si hay varios parámetros, se separa la información referida a un parámetro de la información referenciada al siguiente parámetro por el símbolo coma (,).

A modo de ejemplo, se va a crear en *psql* un procedimiento que muestra el mensaje «Hola mundo».

```
CREATE OR REPLACE PROCEDURE HolaMundo ()
LANGUAGE plpgsql
AS $$
BEGIN
RAISE NOTICE '¡Hola, mundo!';
END $$;
```

Si al crear el procedimiento hubiésemos cometido algún error sintáctico, nos aparecería un mensaje de error y no se crearía.

Pues bien, una vez creado el procedimiento, para ejecutarlo tendremos que invocarlo o llamarlo, para lo que habrá que utilizar el comando CALL y escribir a continuación el nombre del procedimiento y los parámetros que le deseamos pasar (en este caso ninguno, pues no admite parámetros).

```
postgres=# CALL HolaMundo ();
NOTICE:    ¡Hola, mundo!
CALL
```

Veamos cómo se crearía este procedimiento en pgAdmin. Pues bien, una vez seleccionado un esquema dentro de una base de datos, por ejemplo, *pedidos*, hacemos clic en la opción *Create – Procedure* del menú contextual del elemento *Procedures*, como se puede observar en la Figura 1.40.

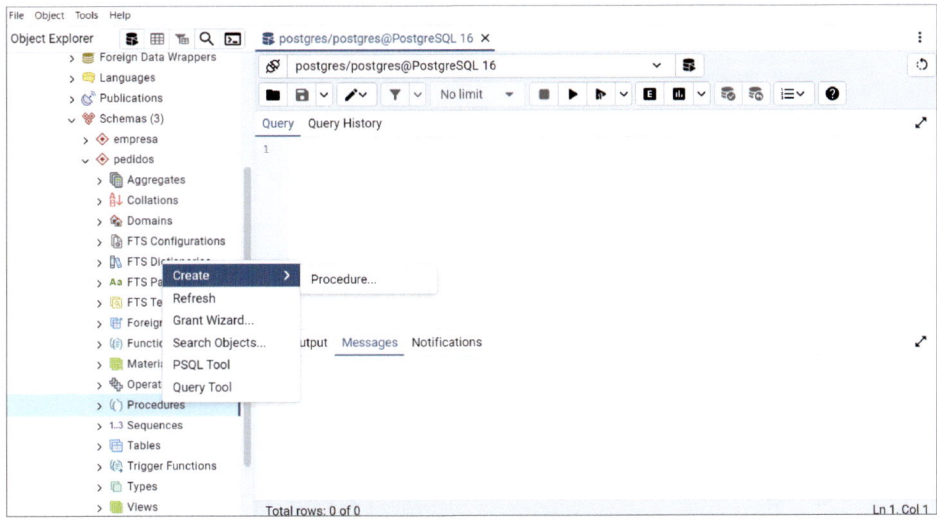

Figura 1.40. Creación de un procedimiento en pgAdmin.

En la pantalla que se muestra en la Figura 1.41, en la pestaña *General*, se debe indicar el nombre del procedimiento y se puede modificar el propietario y el esquema que aparece por defecto. Además, se puede escribir un comentario sobre el procedimiento.

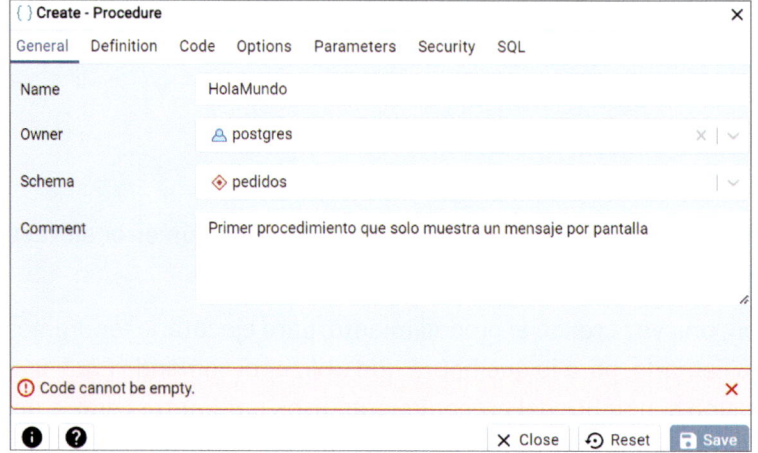

Figura 1.41. Creación del procedimiento *HolaMundo* en pgAdmin.

En la pestaña *Definition* se debe seleccionar el lenguaje PL/pgSQL y, en caso de que el procedimiento tenga parámetros, por cada uno de ellos habrá que hacer clic en el botón + e indicar, por cada uno de ellos, el tipo de dato del parámetro, el modo de paso del parámetro, su nombre y valor por defecto, en caso de que lo tenga. Como en este supuesto este procedimiento no tiene parámetros, borramos la fila correspondiente al parámetro haciendo clic en el botón 🗑 a la izquierda de la línea correspondiente a cada parámetro.

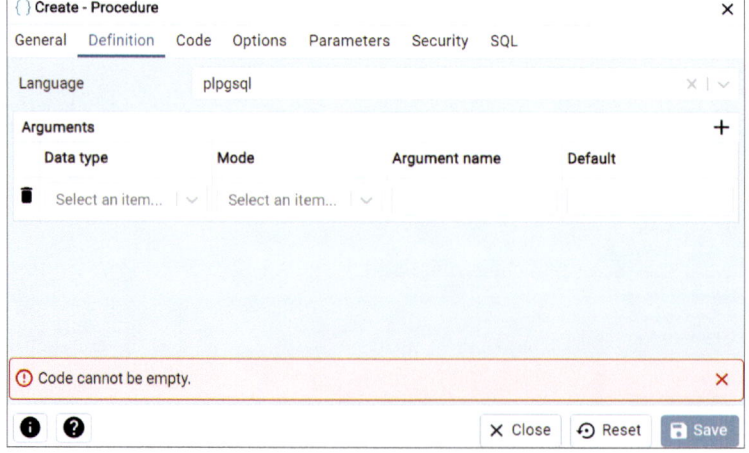

Figura 1.42. Definición del procedimiento *HolaMundo*.

En la pestaña *Code* se debe escribir el código del procedimiento, es decir, su cuerpo, que puede constar de una sección de declaraciones opcional y una serie de instrucciones. En este caso consta de una única instrucción, si bien hay que incluir las palabras BEGIN y END que delimitan un bloque:

Figura 1.43. Código del procedimiento *HolaMundo*.

En PL/pgSQL es posible crear procedimientos polimórficos, es decir, varios procedimientos con el mismo nombre, pero que difieran en el número y/o tipo de sus parámetros.

Para eliminar uno o varios procedimientos se hace uso de la instrucción DROP PROCEDURE, cuya sintaxis es la siguiente:

```
DROP PROCEDURE [IF EXISTS] Nombre _ Procedimiento₁ [(Lista _ Parámetros)],
Nombre _ Procedimiento₂ [(Lista _ Parámetros)], …
[CASCADE | RESTRICT]

Lista _ Parámetros: ([modo₁] [Nombre _ Parámetro₁] tipo _ dato₁ , [modo₂]
[Nombre _ Parámetro₂] tipo _ dato₂,…)
```

En caso de que el procedimiento que se desea eliminar no sea polimórfico, no es necesario especificar su lista de parámetros. Para identificar un procedimiento polimórfico, es suficiente con indicar el modo de paso de cada parámetro (IN por defecto) y su tipo de dato, de forma que el SGBD no presta atención a los nombres de los parámetros.

La opción RESTRICT, que es la opción por defecto, no permite borrar un procedimiento si hay objetos que dependen de él. En caso de usar la opción CASCADE, se borran, junto con el procedimiento, todos los objetos que dependen de él y los objetos que dependen de estos.

Para eliminar el procedimiento *HolaMundo* se debe escribir:

```
postgres=# DROP PROCEDURE HolaMundo;
DROP PROCEDURE
```

También es posible borrar un procedimiento desde pgAdmin seleccionándolo del desplegable *Procedures* dentro del esquema correspondiente y eligiendo en el menú contextual del procedimiento correspondiente la opción *Delete*.

Se pueden modificar algunas características de un procedimiento mediante la sentencia ALTER PROCEDURE. En la instrucción ALTER PROCEDURE, al igual que en DROP PROCEDURE, no se precisa especificar la lista de parámetros del procedimiento si no es polimórfico; en caso contrario, se debe especificar como se ha comentado para la instrucción DROP PROCEDURE. Se puede usar ALTER PROCEDURE para:

- Modificar el nombre de un procedimiento, para lo que se debe escribir:

```
ALTER PROCEDURE Nombre _ Procedimiento [(Lista _ Parámetros)]
RENAME TO Nuevo _ Nombre
```

- Modificar el propietario de un procedimiento, para lo que se debe escribir:

```
ALTER PROCEDURE Nombre _ Procedimiento [(Lista _ Parámetros)]
OWNER TO {Nuevo _ Propietario | CURRENT _ ROLE | CURRENT _ USER
| SESSION _ USER}
```

- Modificar el esquema al que pertenece un procedimiento, para lo que se debe escribir:

```
ALTER PROCEDURE Nombre _ Procedimiento [(Lista _ Parámetros)]
SET SCHEMA Nuevo _ Esquema
```

1.4.2. Funciones

Una función, como se indicó anteriormente, es un subprograma que devuelve un valor. Pues bien, la instrucción para crear una función presenta la siguiente sintaxis:

```
CREATE [OR REPLACE] FUNCTION Nombre _ Función (Lista _ Parámetros)
RETURNS tipo _ dato
LANGUAGE plpgsq
AS etiqueta
[DECLARE
   declaraciones]
BEGIN
   Instrucciones
END etiqueta;
```

La sintaxis es como la de creación de procedimientos con las siguientes diferencias:

- Se debe escribir CREATE FUNCTION en lugar de CREATE PROCEDURE.

- Como las funciones devuelven un valor, después de la lista de parámetros se debe escribir obligatoriamente RETURNS y el tipo de dato del valor devuelto por la función.

- En el conjunto de instrucciones del cuerpo de la función se debe incluir una instrucción RETURN expresión para devolver un valor.

A modo de ejemplo, se va a crear a continuación dentro del esquema *pedidos* una función que reciba el código de un artículo y nos devuelva su descripción. Daremos al parámetro el nombre *cod* y pondremos como tipo el mismo tipo que el atributo *CodArt* de la tabla *Articulo* (Articulo.CodArt%TYPE). Además, como la función nos devuelve la descripción de un artículo, pondremos returns Articulo.DesArt%TYPE;

Por otro lado, hemos de tener en cuenta que las sentencias SELECT incluidas dentro de subprogramas pueden incluir antes de la cláusula FROM la cláusula INTO. El objetivo de esta cláusula es que el resultado de la consulta, en vez de mostrarse por pantalla, se almacene en una o varias variables. El formato de una consulta con cláusula INTO será, por tanto:

```
SELECT … INTO [STRICT] resultado FROM …;
```

donde el resultado puede ser:

- Una o varias variables separadas por comas. Deben ser tantas variables como elementos aparezcan en la cláusula SELECT, de forma que el resultado de la consulta se almacenará en esas variables según su orden y el de los elementos en la cláusula SELECT. Por ejemplo, con las siguientes instrucciones se almacena en la variable *descri* la descripción del artículo con código A0043. La variable *descri*, como es normal, hay que declararla con anterioridad.

```
DECLARE
descri Articulo.DesArt%TYPE;
BEGIN
SELECT DesArt INTO descri FROM Articulo
WHERE CodArt = 'A0043';
```

- Una variable de tipo RECORD. Esta opción solo tiene sentido emplearla si aparecen varios elementos en la cláusula SELECT de la consulta. Para acceder a cada uno de los datos resultado de la consulta se usará la notación del punto. Por ejemplo, dada la siguiente consulta:

```
DECLARE
arti RECORD;
BEGIN
SELECT DesArt, PVPArt INTO arti FROM Articulo
WHERE CodArt = 'A0043';
```

Para acceder a la descripción del artículo, habrá que escribir arti.DesArt, y para acceder a su precio arti.PVPArt.

- Una variable de tipo fila (%ROWTYPE). Esta opción solo se debe emplear cuando se consultan todos los atributos de una tabla.

Si no se especifica la opción STRICT delante del resultado, se almacenará el resultado de la primera fila devuelta por la consulta o valores nulos en caso de que la consulta no devuelva ninguna fila, de forma que las demás filas son ignoradas. Si se especifica la opción STRICT, la consulta debe devolver exactamente una fila o se producirá un error de ejecución: NO_DATA_FOUND si la consulta no devuelve ninguna fila, o TOO_MANY_ROWS en caso de que devuelva más de una.

Volviendo de nuevo al ejemplo propuesto, como hemos visto, hay que declarar una variable para almacenar la descripción del artículo que luego devolverá la función. En el código de la función, en lugar de escribir un código de artículo en concreto (un literal), tendremos que escribir el parámetro de la función, al que se ha llamado *cod*. Hay que tener en cuenta que, al tratarse de un parámetro de entrada (modo de paso de parámetros por defecto), al realizar la llamada se asigna el valor del parámetro que aparece en la llamada (parámetro actual) al parámetro correspondiente que figura en la cabecera de la función. Una vez obtenida la descripción del artículo por medio de la consulta, debe ser devuelto por la función con la orden RETURN. El código de la función será el siguiente:

```
CREATE FUNCTION LeerDescriArti (cod Articulo.CodArt%TYPE)
                        RETURNS Articulo.DesArt%TYPE
LANGUAGE plpgsql
AS $$
DECLARE
descri Articulo.DesArt%TYPE;
BEGIN
SELECT DesArt INTO descri
FROM Articulo WHERE CodArt = cod;
RETURN descri;
END $$;
```

Como resultado de ejecutar esta orden CREATE FUNCTION nos indica lo siguiente:

```
NOTICE:  la referencia al tipo articulo.codart%TYPE convertida a
character
NOTICE:  la referencia al tipo articulo.desart%TYPE convertida a
character varying
CREATE FUNCTION
```

Simplemente nos informa de que Articulo.CodArt%TYPE ha sido convertido al tipo *char*, ya que el tipo de dato de este atributo es char(5); y que Articulo.

DesArt%TYPE ha sido convertido al tipo *varchar*, ya que el tipo de dato de este atributo es varchar(30).

La llamada a una función no se puede realizar con *call*, como se llama a los procedimientos, sino que lo que nos devuelve una función se puede colocar en cualquier lugar en el que se puede poner una expresión, por ejemplo, en una sentencia SELECT que muestra información en pantalla. Así, por ejemplo, para mostrar la descripción del artículo con código A0012, escribiremos:

```
SELECT LeerDescriArti('A0012') Descripción;
  descripción
  ---------------
  Goma de borrar
(1 fila)
```

Para eliminar una o varias funciones se hace uso de la instrucción DROP FUNCTION, cuya sintaxis es la misma que la de DROP PROCEDURE, pero sustituyendo la palabra PROCEDURE por FUNCTION.

Para modificar alguna característica de una función se hace uso de la instrucción ALTER FUNCTION, cuya sintaxis es la misma que la de ALTER PROCEDURE, pero sustituyendo la palabra PROCEDURE por FUNCTION.

En vez de emplear la instrucción DROP FUNCTION para eliminar una función y DROP PROCEDURE para eliminar un procedimiento, se puede hacer uso de la instrucción DROP ROUTINE, que permite eliminar cualquier tipo de subprograma (procedimiento o función). Su sintaxis es la misma que la de DROP PROCEDURE. De manera análoga, existe la instrucción ALTER ROUTINE para modificar características de procedimientos o funciones.

1.4.3. Parámetros

El paso de información a los subprogramas se realiza por medio de los parámetros. Hemos de distinguir entre parámetros formales y parámetros reales o actuales:

- Los parámetros formales son los que aparecen declarados en la cabecera del procedimiento o función. Por cada uno de ellos recordemos que se debe especificar obligatoriamente el nombre y el tipo de dato asociado.

- Los parámetros actuales o reales son los que aparecen en la llamada al procedimiento o función.

Los tipos de los parámetros formales y actuales deben ser compatibles.

Aunque no se ha indicado hasta ahora, en el caso de los parámetros formales se puede omitir el nombre del parámetro, también llamado alias, de forma que se puede hacer referencia a ellos a lo largo del subprograma por medio de $1, $2, …, para hacer referencia al primer parámetro formal, al segundo, y así sucesivamente. No obstante, se considera más adecuado y semánticamente correcto asignar a cada parámetro formal un nombre o alias que informe acerca de su contenido.

Por ejemplo, el procedimiento *CambiarPrecio* del Apartado 1.3.3 se podría haber creado así:

```
CREATE OR REPLACE PROCEDURE CambiarPrecio (char(5), numeric(6,2))
LANGUAGE plpgsql
AS $$
DECLARE
pvp Articulo.PVPArt%TYPE;
BEGIN
SELECT PVPArt INTO pvp
FROM Articulo WHERE CodArt = $1;
IF pvp > 0.30 THEN
   UPDATE Articulo SET PVPArt = PVPArt - $2
   WHERE CodArt = $1;
   RAISE NOTICE 'El precio del artículo con código % ha bajado % euros.', $1, $2;
ELSE
   UPDATE Articulo SET PVPArt = PVPArt + $2
   WHERE CodArt = $1;
   RAISE NOTICE 'El precio del artículo con código % ha subido % euros.', $1, $2;
END IF;
END $$;
```

Como se puede observar, se ha sustituido toda aparición del primer parámetro formal llamado *codArti* en la anterior versión por $1 y toda aparición del segundo parámetro formal por $2.

El paso de parámetros a los procedimientos y funciones en PL/pgSQL se puede realizar empleando las siguientes notaciones:

- Notación posicional, por la cual cada parámetro actual se asocia con cada parámetro formal según las posiciones que estos ocupan, es decir, el primer parámetro formal tomará el valor del primer parámetro actual, el segundo parámetro formal tomará el valor del segundo parámetro actual, y así sucesivamente. Es la notación que se ha empleado en los ejemplos mostrados hasta ahora y la más habitual y fácil de usar. Si consideramos la cabecera del procedimiento *CambiarPrecio* del Apartado 1.3.3.

```
PROCEDURE CambiarPrecio (codArti char(5), importe numeric(6,2))
```

En la llamada al procedimiento se debe indicar en primer lugar el código del artículo cuyo precio se quiere cambiar y luego el importe del cambio. Un ejemplo de llamada es:

```
CALL CambiarPrecio ('A0012', 0.04);
```

- Notación nominal, por la cual por cada parámetro actual se indica el nombre del parámetro formal al que va asociado, los símbolos => y el parámetro actual correspondiente. En este caso, al indicar a qué parámetro formal se asocia cada parámetro actual, no es necesario seguir el orden de los parámetros formales de la cabecera del procedimiento. Dos ejemplos de llamada al procedimiento *CambiarPrecio* son:

```
CALL CambiarPrecio (codArti => 'A0012', importe => 0.04);
CALL CambiarPrecio (importe => 0.04, codArti => 'A0012');
```

- Notación mixta, que consiste en emplear en la misma llamada las dos notaciones, pero se debe empezar en este caso con la notación posicional, no al revés. Un ejemplo de llamada al procedimiento *CambiarPrecio* es:

```
CALL CambiarPrecio ('A0012', importe => 0.04);
```

Los parámetros que se pasan a los procedimientos y funciones pueden ser de entrada, de salida o de bien de entrada/salida. Este es el significado de los diferentes modos de paso de parámetros:

- Los parámetros de entrada (IN) hacen referencia a los datos que se pasan a un subprograma para que este efectúe operaciones con ellos. En el subprograma llamado no se le puede asignar ningún valor al parámetro formal, sino que solamente se puede utilizar el valor que tiene dicho parámetro. El parámetro actual o real puede ser una variable, una constante o una expresión, cuyo valor se asigna al correspondiente parámetro formal.

- Los parámetros de salida (OUT) se usan para devolver datos del subprograma llamado al que realizó la llamada. En las llamadas a los procedimientos se deben especificar obligatoriamente todos los parámetros, pudiendo asignar valor nulo a los parámetros de salida o bien escribir como parámetro actual correspondiente a cada parámetro de salida una variable, a la que se asignará valor en el procedimiento llamado para devolverlo al programa llamante. En el caso de las funciones, se pueden omitir los parámetros actuales correspondientes a parámetros de salida.

- Los parámetros de entrada/salida (IN OUT) sirven para pasar un dato del programa llamante al subprograma llamado, modificar dicho valor en el subprograma y devolver el valor modificado al programa llamante.

Como se indicó en el Apartado 1.3.1, el modo de paso de un parámetro se especifica delante del nombre del mismo. De esta manera una lista de parámetros tiene la siguiente forma:

([tipo$_1$] Nombre_Parámetro$_1$ tipo_dato$_1$, [tipo$_2$] Nombre_Parámetro$_2$ tipo_dato$_2$, …)

Los datos tipo$_1$, tipo$_2$,…, pueden tomar los siguientes valores:

- IN, para indicar que el parámetro es de entrada.

- OUT, para indicar que el parámetro es de salida.

- INOUT, para indicar que el parámetro es de entrada/salida.

El modo de paso de parámetros por defecto es de entrada, por lo que no poner nada equivale a escribir IN como modo de paso de parámetro. De hecho, todos los parámetros que se han empleado hasta ahora han sido de entrada y por eso no se ha especificado nada antes del nombre de cada parámetro.

A modo de ejemplo, se va a realizar sobre el esquema *pedidos* un procedimiento que reciba la referencia de un pedido y que devuelva el número de artículos diferentes solicitados en dicho pedido y el número de unidades de artículos solicitadas. La referencia del pedido es un parámetro de entrada y habrá dos parámetros de salida para los otros dos datos indicados. Se crea, a continuación, el procedimiento y se muestra un ejemplo de llamada:

```
CREATE OR REPLACE PROCEDURE ConsultarPedido (refPedido char(5),
OUT NArt int, OUT NUniArt int)
LANGUAGE plpgsql
AS $$
BEGIN
SELECT count(*), sum(CantArt) INTO NArt, NUniArt
FROM LineaPedido WHERE RefPed = refPedido;
END $$;

postgres=# CALL ConsultarPedido ('P0001', NULL, NULL);
 nart | nuniart
------+---------
    2 |      22
(1 fila)
```

También es posible crear otro procedimiento que reciba la referencia de un pedido, que llame al procedimiento que acabamos de crear y muestre los datos recibidos:

```
CREATE OR REPLACE PROCEDURE MostrarInfoPedido (refPedido char(5))
LANGUAGE plpgsql
AS $$
```

```
DECLARE
numArt int;
uniArt int;
BEGIN
CALL ConsultarPedido (refPedido, numArt, uniArt);
RAISE NOTICE 'En el pedido % se solicitan % artículos distintos,
             en total % unidades.', refPedido, numArt, uniArt;
END $$;
```

Si ejecutamos el procedimiento pasando como dato el pedido con código P0001, obtenemos el siguiente resultado:

```
postgres=# CALL MostrarInfoPedido ('P0001');
NOTICE:  En el pedido P0001 se solicitan 2 art¡culos distintos,
         en total 22 unidades.
CALL
```

Se va a crear ahora otro procedimiento en el que se usen dos parámetros de entrada/salida. Va a tratarse de un procedimiento que reciba dos letras, las intercambie y las muestre intercambiadas. Los parámetros en este caso son de entrada/salida porque se pasa un dato al procedimiento (entrada), dato que va a ser modificado por el subprograma y devuelto al programa llamante (salida). El código del procedimiento es el siguiente:

```
CREATE OR REPLACE PROCEDURE InterCambiarLetras (letra1 char, letra2 char)
LANGUAGE plpgsql
AS $$
BEGIN
SELECT letra1, letra2 INTO letra2, letra1;
RAISE NOTICE 'La primera letra es % y la segunda es %.', letra1, letra2;
END $$;
```

Realizamos una llamada a este pasándole las letras 'a' y 'z'. Se observa en el resultado cómo estas se han intercambiado:

```
postgres=# CALL IntercambiarLetras ('a', 'z');
NOTICE:  La primera letra es z y la segunda es a.
CALL
```

1.4.4. Paquetes

Los paquetes son programas que almacenan varios procedimientos y/o funciones. Los paquetes se pueden crear en lenguajes, como PL/SQL de Oracle. Sin embargo, en PostgreSQL no existe el concepto de paquete y, por tanto, no es posible crearlos.

1.4.5. Excepciones

Se considera una excepción cualquier error que pueda ocurrir a lo largo de la ejecución de un programa. Si una excepción no es tratada, provocará la terminación anormal del programa en el que se produzca. Sin embargo, si lo que se desea es que se informe del error o excepción al usuario y que se pueda continuar con la ejecución del programa, entonces será necesario tratar la excepción correspondiente.

Veamos un ejemplo al respecto. Creemos un procedimiento que se encargue de añadir un nuevo pedido a la tabla *Pedido* del esquema *pedidos*. Este procedimiento recibirá como parámetros la referencia del pedido que se desea añadir y su fecha:

```
CREATE OR REPLACE PROCEDURE NuevoPedido (refPedido char(5), fecPedido
date)
LANGUAGE plpgsql
AS $$
BEGIN
INSERT INTO Pedido VALUES (refPedido, fecPedido);
RAISE NOTICE 'Se ha añadido un pedido con referencia % y fecha %',
refPedido, fecPedido;
END $$;
```

Ejecutemos a continuación este procedimiento dos veces con los mismos parámetros:

```
postgres=# CALL NuevoPedido ('P0005', CURRENT _ DATE);
NOTICE:  Se ha aÑadido un pedido con referencia P0005 y fecha 2024-07-21
CALL

postgres=# CALL NuevoPedido ('P0005', CURRENT _ DATE);
ERROR:  llave duplicada viola restricción de unicidad «pedido _ pkey»
DETALLE:  Ya existe la llave (refped)=(P0005).
CONTEXTO:  sentencia SQL: «INSERT INTO Pedido VALUES (refPedido,
fecPedido)»
función PL/pgSQL nuevopedido(character,date) en la línea 3 en sentencia SQL
```

La primera vez que ejecutamos el procedimiento funciona correctamente, por lo que añade el pedido con referencia P0005 a la tabla *Pedido*. En la segunda llamada al procedimiento, como intentamos añadir de nuevo un pedido con la misma referencia, se produce un error o excepción y el programa finaliza anormalmente mostrándonos una descripción del error en pantalla. Si queremos que cuando se produzca la excepción, en lugar de terminar anormalmente el programa y mostrarnos una descripción del error predeterminada, el programa termine normalmente y muestre un mensaje confeccionado por nosotros, entonces deberemos tratar la excepción correspondiente.

Para poder tratar excepciones se debe incluir dentro de un bloque una nueva sección que se inicia con la palabra EXCEPTION en la que se incluyen manejadores (*handlers*) de excepciones. El formato de un bloque con tratamiento de excepciones es el siguiente:

```
[etiqueta]
[DECLARE
        declaraciones]
BEGIN
        Instrucciones
EXCEPTION
        WHEN  condición  [OR  condición…]  THEN
              Instrucciones  del  manejador
        [WHEN  condición  [OR  condición…]  THEN
              Instrucciones  del  manejador
        …]
END [etiqueta];
```

Si no ocurre ningún error o excepción en el bloque, solamente se ejecutarán las instrucciones después de la palabra BEGIN. Si ocurre algún error dentro de estas instrucciones, finaliza la ejecución de este bloque de instrucciones y pasa el control de ejecución a la sección EXCEPTION. Se busca en orden la primera condición que sea verdadera después de WHEN, en cuyo caso se ejecutan las instrucciones del manejador correspondiente y pasa el control a la instrucción siguiente al END del bloque. En caso de que no se cumpla ninguna condición, el error se propaga como si no hubiese habido sección EXCEPTION.

Las condiciones pueden ser cualquiera de las disponibles en la web https://www.postgresql.org/docs/current/errcodes-appendix.html. Se muestran en la Tabla 1.2 algunos de los errores más frecuentes, indicando por cada uno de ellos su valor de estado, el nombre del error y una descripción del mismo:

Tabla 1.2. Errores más habituales

Valor de estado	Nombre	Descripción
01P01	deprecated_feature	Aspecto obsoleto que se eliminará en versiones posteriores de PostgreSQL.
22012	división_by_zero	No es posible dividir un número entre cero.
22007	invalid_datetime_format	Formato de fecha y/u hora incorrectas.
22023	invalid_paremeter_value	Valor de parámetro inválido.

Valor de estado	Nombre	Descripción
22004	null_value_not_allowed	No está permitido un valor nulo.
22003	numeric_value_out_of_range	Valor numérico fuera de rango.
23000	integrity_constraint_violation	Incumplimiento de restricción de integridad.
23001	restrict_violation	Incumplimiento de restricción.
23502	not_null_violation	Incumplimiento de restricción de obligatoriedad (*not null*).
23503	foreign_key_violation	Incumplimiento de restricción de clave ajena o foránea.
23505	unique_violation	Incumplimiento de restricción de unicidad.
23514	check_violation	Incumplimiento de restricción *check*.
28P01	invalid_password	Contraseña incorrecta.
42601	syntax_error	Error de sintaxis.
42501	insufficient_privilege	Privilegios insuficientes.
42804	datatype_mismatch	Falta de concordancia de tipos de datos.
42702	ambiguous_column	Columna definida de manera ambigua.
P0002	no_data_found	No se encuentran datos.
P0003	too_many_rows	Se devuelve más de una fila.

Después de la palabra WHEN se pueden especificar como condición o bien el nombre de la excepción mostrada en la segundad columna de la tabla o se puede poner SQLSTATE 'valor_de_estado' (primera columna de la tabla).

Para mostrar el mensaje de error confeccionado por nosotros se usa la instrucción RAISE EXCEPTION, que presenta el siguiente formato:

```
RAISE EXCEPTION mensaje [USING opción = expresión…]
```

Las opciones pueden ser una o varias de las siguientes:

- hint: proporciona una pista para que la causa del error sea más fácil de descubrir.

- detail: proporciona información detallada acerca del error.

- errcode: identifica el código del error por medio de su nombre o su valor de estado.

En el caso del procedimiento *InsertarPedido*, la excepción que se ha producido es la llamada *unique_violation* que tiene asignado el valor de estado 23505. Por tanto, pondremos después de WHEN esta condición y el mensaje que deseamos mostrar en caso de que se produzca dicha excepción. El procedimiento nos queda como sigue:

```
CREATE OR REPLACE PROCEDURE NuevoPedido (refPedido char(5), fecPedido date)
LANGUAGE plpgsql
AS $$
BEGIN
INSERT INTO Pedido VALUES (refPedido, fecPedido);
RAISE NOTICE 'Se ha añadido un pedido con referencia % y fecha %',
          refPedido, fecPedido;
EXCEPTION
WHEN unique _ violation THEN
   RAISE EXCEPTION 'Ya existe un pedido con referencia %', refPedido;
END $$;
```

Ahora, si llamamos a este procedimiento solicitando la inserción de un pedido con una referencia no repetida, no habrá ningún problema y no aparecerá ningún mensaje de error. En caso contrario, se mostrará el mensaje de error diseñado por nosotros. Probémoslo a continuación:

```
postgres=# CALL NuevoPedido ('P0006', CURRENT _ DATE);
NOTICE:  Se ha añadido un pedido con referencia P0006 y fecha 2024-
07-21
CALL


postgres=# CALL NuevoPedido ('P0006', CURRENT _ DATE);
ERROR:  Ya existe un pedido con referencia P0006
CONTEXTO:  función PL/pgSQL nuevopedido(character,date) en la
línea 7 en RAISE
```

También podemos controlar más excepciones dentro del mismo procedimiento. Por ejemplo, podemos controlar la excepción *not_null_violation*, que se produce cuando se intenta asignar valor nulo a un atributo obligatorio, como la referencia del pedido o la fecha en este caso:

```
CREATE OR REPLACE PROCEDURE NuevoPedido (refPedido char(5), fecPedido date)
LANGUAGE plpgsql
AS $$
BEGIN
INSERT INTO Pedido VALUES (refPedido, fecPedido);
RAISE NOTICE 'Se ha añadido un pedido con referencia % y fecha %',
          refPedido, fecPedido;
EXCEPTION
```

```
WHEN unique _ violation THEN
   RAISE EXCEPTION 'Ya existe un pedido con referencia %', refPedido;
WHEN not _ null _ violation THEN
   IF refPedido IS NULL THEN
      RAISE EXCEPTION 'La referencia del pedido no puede ser nula';
   ELSE
      RAISE EXCEPTION 'La fecha del pedido no puede ser nula';
   END IF;
END $$;
```

Se muestran dos ejemplos de llamada al procedimiento, cada uno de los cuales genera una excepción distinta:

```
postgres=# CALL NuevoPedido ('P0006', CURRENT _ DATE);
ERROR:  Ya existe un pedido con referencia P0006
CONTEXTO:  función PL/pgSQL nuevopedido(character,date) en la
línea 9 en RAISE

postgres=# CALL NuevoPedido ('P0007', NULL);
ERROR:  La fecha del pedido no puede ser nula
CONTEXTO:  función PL/pgSQL nuevopedido(character,date) en la
línea 14 en RAISE
```

Creemos otro ejemplo de procedimiento con manejo de excepciones en el esquema *pedidos*. Se trata de un procedimiento que recibe el código de un artículo y debe mostrar su descripción en caso de que exista un artículo con el código recibido como parámetro. En caso de que no exista ningún artículo con dicho código, se mostrará un mensaje como el siguiente: 'No existe ningún artículo con el código XXXXX'. Hemos de tener en cuenta que para obtener la descripción de un artículo a partir de su código tendremos que emplear una instrucción SELECT … INTO, de manera que, si esta instrucción no devuelve ninguna fila por no haber ningún artículo con el código buscado, se producirá la excepción *no_data_found*, a la que corresponde el valor de estado P0002. Podremos especificar cualquiera de estos dos valores en la cláusula WHEN. Optamos por especificar *no_data_found*. Sin embargo, como se indicó en el Apartado 1.4.2, si en una instrucción SELECT … INTO no se especifica la opción STRICT, esta devuelve los datos de la primera fila *resultado* de la consulta o bien valor nulo en caso de no encontrar nada, por lo que si queremos hacer uso de la excepción *no_data_found*, debemos especificar la opción STRICT en la instrucción SELECT … INTO. El procedimiento quedará como sigue:

```
CREATE OR REPLACE PROCEDURE MostrarDescri (codArti char(5))
LANGUAGE plpgsql
AS $$
DECLARE
descri Articulo.Desart%TYPE;
```

```
BEGIN
SELECT DesArt INTO STRICT descri
FROM Articulo WHERE CodArt = codArti;
RAISE NOTICE 'La descripción del artículo con código % es %', codArti,
descri;
EXCEPTION
WHEN no _ data _ found THEN
   RAISE EXCEPTION 'No existe ningún artículo con el código %',
codArti;
END $$;
```

Ahora si llamamos a este procedimiento pasándole el código de un artícu-lo existente, nos mostrará su descripción; en caso contrario, se mostrará el mensaje de error que hemos especificado. Probémoslo:

```
postgres=# CALL MostrarDescri ('A0012');
NOTICE:  La descripción del artículo con código A0012 es Goma de borrar
CALL

postgres=# CALL MostrarDescri ('A0011');
ERROR:  No existe ningún artículo con el código A0011
CONTEXTO:  función PL/pgSQL mostrardescri(character) en la línea 10 en
RAISE
```

Se puede conseguir el mismo resultado si se hace uso de una instrucción SELECT … INTO sin la opción STRICT y se pregunta por la variable especial FOUND. Esta variable toma el valor *true* si la instrucción SELECT … INTO ha de-vuelto una fila (ha encontrado datos) y *false*, en caso contrario. En este caso, sin hacer uso de la sección EXCEPTION, el procedimiento nos queda así:

```
CREATE OR REPLACE PROCEDURE MostrarDescri2 (codArti char(5))
LANGUAGE plpgsql
AS $$
DECLARE
descri Articulo.Desart%TYPE;
BEGIN
SELECT DesArt INTO descri
FROM Articulo WHERE CodArt = codArti;
IF FOUND THEN
   RAISE NOTICE 'La descripción del artículo con código % es %',
                codArti, descri;
ELSE
   RAISE EXCEPTION 'No existe ningún artículo con el código %', codArti;
END IF;
END $$;

postgres=# CALL MostrarDescri2 ('A0012');
NOTICE:  La descripción del artículo con código A0012 es Goma de
```

```
borrar
CALL
postgres=# CALL MostrarDescri2 ('A0011');
ERROR:  No existe ningún artículo con el código A0011
CONTEXTO:  función PL/pgSQL mostrardescri2(character) en la línea 10
en RAISE
```

1.4.6. Cursores

Hasta ahora todas las consultas que hemos creado en nuestros procedimientos y funciones nos devolvían una sola fila. Esto se debe a que hemos empleado la instrucción SELECT … INTO, que permite manejar una única fila. De hecho, si en los subprogramas que hemos creado hasta ahora una consulta nos hubiese devuelto varias filas y hubiésemos usado la opción STRICT en la instrucción SELECT … INTO, se habría producido la excepción *too_many_rows* que, al no ser tratada, habría provocado la terminación anormal del programa. En caso de no usar la opción STRICT, como se ha hecho en casi todos los casos, no se produciría dicha excepción y la instrucción SELECT … INTO solo habría devuelto la primera fila del resultado de la consulta.

Por todo esto, si queremos ejecutar una consulta que devuelva varias filas, debemos usar un cursor, que se puede definir como un objeto de la base de datos que permite tratar fila a fila el resultado de una consulta.

Para poder utilizar un cursor, al igual que para poder utilizar una variable, es necesario declararlo. Un cursor se declara de acuerdo con la siguiente sintaxis:

```
Nombre _ cursor [[NO] SCROLL] CURSOR FOR Sentencia _ select;
```

Si se especifica SCROLL, será posible usar el cursor para recorrer las filas *resultado* de la consulta hacia atrás. Si es especifica NO SCROLL, esto no será posible.

Por su parte, para utilizar un cursor, será necesario, en primer lugar, abrirlo. Para ello, se utilizará la siguiente instrucción:

```
OPEN [[NO] SCROLL] Nombre _ cursor;
```

Al abrir un cursor, se ejecuta la sentencia *select* que se asignó al mismo en la declaración y se almacenan los resultados de la ejecución en estructuras internas de memoria. Las opciones SCROLL y NO SCROLL tienen el mismo significado que en la declaración del cursor.

Para acceder a la información almacenada en el cursor, es decir, a los datos resultantes de la ejecución de la sentencia *select*, es necesario usar una orden FETCH con la siguiente sintaxis:

```
FETCH [dirección {FROM | IN}] Nombre _ cursor INTO resultado;
```

donde *dirección* puede tomar los siguientes valores:

- NEXT: recupera la siguiente fila de la consulta.

- PRIOR: recupera la anterior fila de la consulta.

- FIRST: recupera la primera fila de la consulta.

- LAST: recupera la última fila de la consulta.

- ALL: recupera todas las filas de la consulta.

En *resultado* se pueden escribir tantas variables separadas por comas como elementos aparezcan en la cláusula *select* o bien una única variable de tipo *record*. Esta/s variable/s tendrá/n que estar previamente declarada/s.

A pesar de existir cinco tipos de órdenes FETCH en función de la dirección, se suele usar casi exclusivamente la orden FETCH NEXT, en la que la palabra NEXT se puede omitir, al ser la dirección por defecto. Esta orden recupera una de las filas del cursor y pasa automáticamente a la siguiente fila de las resultantes de la ejecución de la sentencia *select*. Si al ejecutar una orden FETCH, esta no devuelve datos, la variable especial FOUND tomará el valor *false*. Por tanto, conviene consultar esta variable después de ejecutar una orden FETCH, para comprobar si se ha llegado a la última fila del cursor.

Una vez empleado el cursor, es necesario cerrarlo con la siguiente instrucción:

```
CLOSE Nombre _ cursor;
```

Con el cierre del cursor se consigue liberar la memoria ocupada por los datos resultantes de la ejecución de la consulta.

Para probar todo esto comencemos creando en el esquema *empresa* una tabla *Pedido2* copia de *Pedido*, pero sin datos. Para ello, ejecutemos las siguientes órdenes:

```
postgres=# CREATE TABLE Pedido2 AS SELECT * FROM Pedido;
SELECT 6
postgres=# DELETE FROM Pedido2;
DELETE 6
```

Creemos a continuación un procedimiento que muestre por cada pedido su referencia y fecha mediante el empleo de un cursor. Primero lo aplicaremos sobre la tabla *Pedido* y luego sobre la tabla *Pedido2*. Comenzaremos creando un procedimiento que recupere solo una de las filas de la tabla *Pedido*. Para ello, declararemos un cursor, a continuación, lo abriremos, seleccionaremos una fila y mostraremos su contenido. Finalmente cerraremos el cursor.

```
CREATE OR REPLACE PROCEDURE VerPedido ()
LANGUAGE plpgsql
AS $$
DECLARE
unPedido RECORD;
cursor _ pedidos CURSOR FOR SELECT RefPed, FecPed FROM Pedido;
BEGIN
OPEN cursor _ pedidos;
FETCH cursor _ pedidos INTO unPedido;
RAISE NOTICE 'Referencia: %. Fecha: %.', unPedido.RefPed, unPedido.FecPed;
CLOSE cursor _ pedidos;
END $$;
```

Si ejecutamos este procedimiento, obtendremos el siguiente resultado.

```
CALL VerPedido ();
NOTICE:   Referencia: P0001. Fecha: 2024-02-16.
CALL
```

Como podemos observar, nos muestra los datos del primer pedido almacenado en la tabla *Pedido*. Ahora cambiemos este procedimiento de manera que consulte la tabla *Pedido2*, en vez de *Pedido*. Recordemos que *Pedido2* es copia de *Pedido*, pero sin datos. Una vez creado, ejecutémoslo:

```
CREATE OR REPLACE PROCEDURE VerPedido ()
LANGUAGE plpgsql
AS $$
DECLARE
unPedido RECORD;
cursor _ pedidos CURSOR FOR SELECT RefPed, FecPed FROM Pedido2;
BEGIN
OPEN cursor _ pedidos;
FETCH cursor _ pedidos INTO unPedido;
RAISE NOTICE 'Referencia: %. Fecha: %.', unPedido.RefPed, unPedido.FecPed;
CLOSE cursor _ pedidos;
END $$;

CALL VerPedido ();
NOTICE:  Referencia: <NULL>. Fecha: <NULL>.
CALL
```

Como podemos observar, el procedimiento nos muestra valores nulos porque la orden FETCH no ha encontrado datos.

Pues bien, si trabajamos con cursores es porque deseamos que se recorran varias filas que se obtienen como resultado de una consulta sobre una o varias tablas y que se muestre información referente a esas filas. Dado que con una orden FETCH recuperamos los datos de una fila de un cursor, deberemos emplear varias órdenes FETCH para recorrer las diversas filas resultado de ejecutar la consulta. Pues bien, utilizaremos un bucle WHILE para ejecutar varias órdenes FETCH. Siempre que empleemos un cursor, después de abrirlo, recuperaremos la primera fila de la consulta con una orden FETCH y luego realizaremos un cierto tratamiento sobre las filas recuperadas dentro de un bucle WHILE que tendrá como condición el que la orden FETCH que se acaba de ejecutar haya encontrado datos, es decir, mientras que la variable especial FOUND tome el valor *true*. Dentro del bucle WHILE, después de tratar cada fila, pasaremos a la siguiente mediante una nueva orden FETCH.

De esta manera, el procedimiento *VerPedido* correcto sobre la tabla *Pedido* nos quedará con el siguiente código:

```
CREATE OR REPLACE PROCEDURE VerPedido ()
LANGUAGE plpgsql
AS $$
DECLARE
unPedido RECORD;
cursor_pedidos CURSOR FOR SELECT RefPed, FecPed FROM Pedido;
BEGIN
OPEN cursor_pedidos;
FETCH cursor_pedidos INTO unPedido;
WHILE FOUND LOOP
    RAISE NOTICE 'Referencia: %. Fecha: %.', unPedido.RefPed,
                unPedido.FecPed;
    FETCH cursor_pedidos INTO unPedido;
END LOOP;
CLOSE cursor_pedidos;
END $$;

CALL VerPedido ();
NOTICE:  Referencia: P0001. Fecha: 2024-02-16.
NOTICE:  Referencia: P0002. Fecha: 2024-02-18.
NOTICE:  Referencia: P0003. Fecha: 2024-02-23.
NOTICE:  Referencia: P0004. Fecha: 2024-02-25.
NOTICE:  Referencia: P0005. Fecha: 2024-07-21.
NOTICE:  Referencia: P0006. Fecha: 2024-07-21.
CALL
```

Al trabajar con cursores, puede ocurrir que no nos sea posible indicar en la sentencia *select* asociada al cursor los términos exactos de la consulta, sino que tengamos que utilizar una o varias variables. Pues bien, estas variables reciben el nombre de variables de acoplamiento. Para usarlas, será necesario declararlas como cualquier otra variable y luego utilizarlas en la sentencia *select* asociada al cursor. Si estas variables aparecen definidas como parámetros del procedimiento o función, entonces no es necesario declararlas explícitamente en la sección de declaraciones.

Por ejemplo, para mostrar para los pedidos en los que se solicita un determinado artículo identificado por su código (parámetro del procedimiento), la referencia del pedido y el número de unidades solicitadas del artículo, podemos crear el siguiente procedimiento, en el que se consulta la tabla *LineaPedido* del esquema *pedidos*, que contiene por cada pedido los artículos que han sido solicitados en él y la cantidad solicitada de cada uno de estos artículos:

```
CREATE OR REPLACE PROCEDURE VerArticulosPedidos (art char(5))
LANGUAGE plpgsql
AS $$
DECLARE
unaLinea RECORD;
cursor_lineas CURSOR FOR SELECT RefPed, CantArt
                        FROM LineaPedido
                        WHERE CodArt = art;
BEGIN
OPEN cursor_lineas;
FETCH cursor_lineas INTO unaLinea;
WHILE FOUND LOOP
   RAISE NOTICE 'Pedido: %. Cantidad: %.', unaLinea.RefPed, unaLinea.CantArt;
   FETCH cursor_lineas INTO unaLinea;
END LOOP;
CLOSE cursor_lineas;
END $$;

CALL VerArticulosPedidos ('A0043');
NOTICE:  Pedido: P0001. Cantidad: 10.
NOTICE:  Pedido: P0002. Cantidad: 5.
NOTICE:  Pedido: P0004. Cantidad: 5.
CALL
```

Como vemos, en la declaración del cursor se ha incluido una variable de acoplamiento (*art*) que es un parámetro del procedimiento. De esta manera, el resultado de la ejecución del procedimiento será diferente en función del código de artículo que reciba como parámetro el procedimiento.

1.5. Herramientas de depuración y control de código

Como se indicó en el Apartado 1.1.2, un depurador es una herramienta que facilita la depuración o corrección de errores de un programa, por lo que, en el ámbito de las bases de datos PostgreSQL, se puede usar para corregir errores en bloques anónimos, procedimientos y funciones.

1.5.1. Instalación de un depurador en pgAdmin

Existe un depurador para su uso en pgAdmin, si bien este está disponible como una extensión para la instalación de PostgreSQL. Para poder usar este depurador, se debe modificar el fichero *postgresql.conf*, que en Windows se encuentra en la ruta C:\Program Files\PostgreSQL\16\data. Se deben añadir los componentes del depurador del lado del servidor al valor del parámetro *shared_preload_libraries*, escribiendo la siguiente línea en este fichero:

```
shared_preload_libraries = '$libdir/plugin_debugger'
```

Si en este archivo de configuración aparece la línea correspondiente a este parámetro con un símbolo # al principio, hay que eliminar dicho símbolo, que indica que se trata de un comentario.

Una vez guardado el archivo postgresqsl.conf con esta modificación, para que tenga efecto, se debe reiniciar el servidor PostgreSQL. Para ello, en el caso de emplear Windows, se debe hacer lo siguiente desde el símbolo del sistema:

1. Moverse a la carpeta en la que se encuentra disponible el ejecutable pg_ctl. exe mediante el comando: `cd C:\Program Files\PostgreSQL\16\bin`.

2. Ejecutar el siguiente comando, donde se debe indicar la ruta del directorio de datos de PostgreSQL entre comillas dobles: `pg_ctl.exe -D "C:\Program Files\PostgreSQL\16\data" restart`.

Estos dos pasos quedan reflejados en la Figura 1.44.

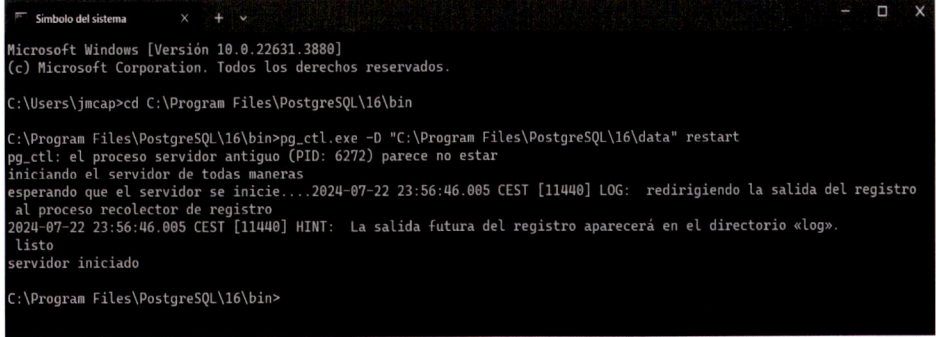

Figura 1.44. Inicio del servidor PostgreSQL.

El siguiente paso para poder usar el depurador es añadir la extensión correspondiente para la base de datos en la que lo queramos usar. Para ello, podemos escribir la siguiente orden en PostgreSQL:

```
CREATE EXTENSION pldbgapi;
```

1.5.2. Uso del depurador en pgAdmin

Se puede usar el depurador en pgAdmin de dos modos: depuración en contexto o depuración directa de un procedimiento o función.

- Depuración en contexto: se establece un punto de ruptura (*breakpoint*) en la primera línea del subprograma, de forma que cuando desde otra sesión se llama al subprograma, se transfiere el control al depurador.

- Depuración directa: el depurador solicita los parámetros actuales necesarios para el subprograma y, a continuación, permite ejecutar el código paso a paso.

Depuración en contexto

Se debe seleccionar en pgAdmin el subprograma que se desea depurar y de su menú contextual elegir la opción de menú *Debugging – Set Breakpoint*. Entonces, aparece una pantalla como la de la Figura 1.45, en la que se indica que se está esperando la invocación o llamada al subprograma que se desea depurar:

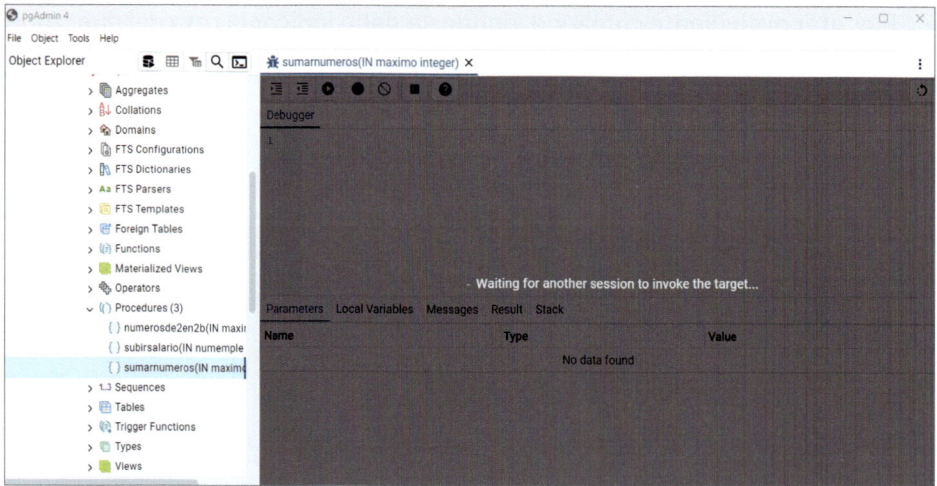

Figura 1.45. Espera para comenzar la depuración en contexto.

Al llamar al subprograma desde otra sesión, se puede observar que en la sesión del depurador aparece en el código del procedimiento marcada con color azul la instrucción en la que se inicia la ejecución paso a paso (Figura 1.46). Se ha tomado a modo de ejemplo el procedimiento *SumarNumeros* creado en el Apartado 1.3.3, al que se le ha llamado con la instrucción `CALL SumarNumeros (4)`.

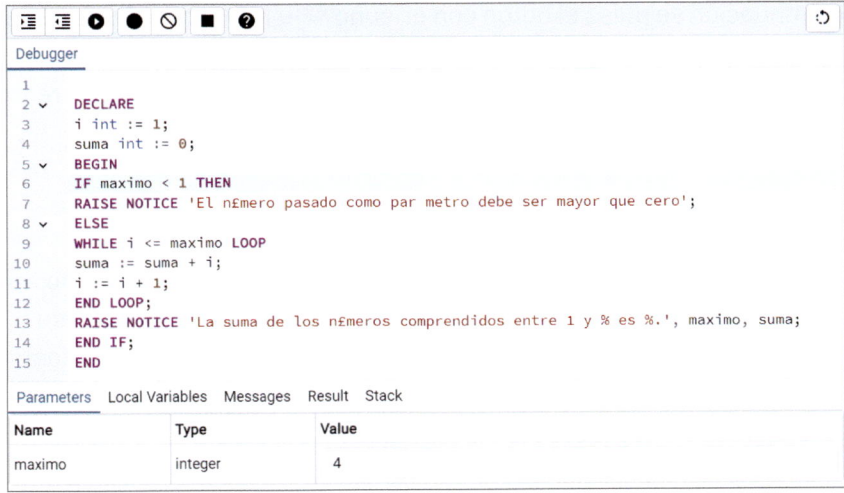

Figura 1.46. Comienzo de la depuración del procedimiento *SumarNumeros*.

Para ir ejecutando el procedimiento paso a paso se debe hacer clic en el icono con la leyenda *Step into*. Se puede observar que en la parte inferior de la pantalla hay varias pestañas. En la pestaña *Parameters* se indican, para cada uno de los parámetros formales del procedimiento, su nombre, tipo y el valor asignado. En la pestaña *Local Variables* se puede ver por cada variable local también su nombre, tipo y el valor que tiene asignado en ese preciso momento. Si hacemos clic en el icono para ir ejecutando el procedimiento paso a paso, en la instrucción de la línea 11 en la tercera iteración del bucle, veremos los valores de las variables locales que se muestran en la Figura 1.47.

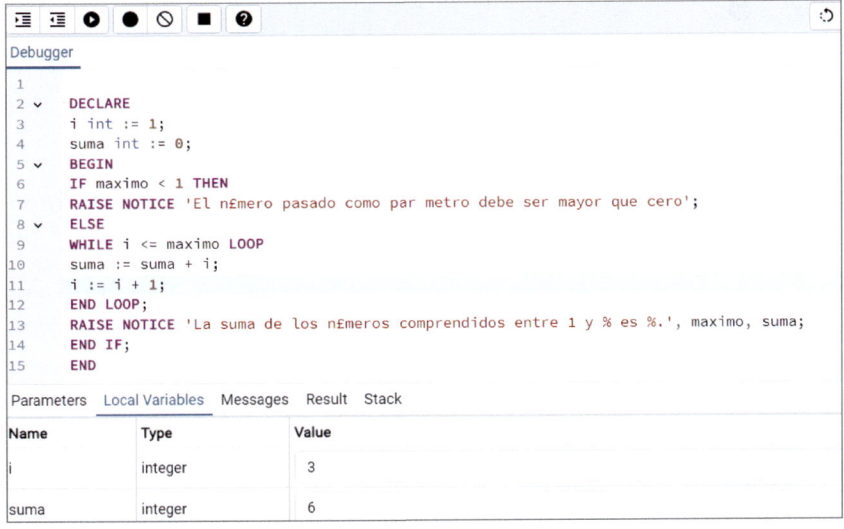

Figura 1.47. Visualización de variables locales al depurar el procedimiento *SumarNumeros*.

Si a continuación se pulsa el botón con el icono ⏵ y la leyenda *Continue / Start* finalizará la ejecución del procedimiento y se podrá ver el resultado de la ejecución en la sesión desde la que se invocó al mismo. Probaremos el resto de opciones del depurador a continuación:

Depuración directa

Se va a tomar como ejemplo el procedimiento *SumarNumeros*, como antes. Pues bien, se debe seleccionar en pgAdmin este procedimiento y en su menú contextual elegir la opción de menú *Debugging – Debug*. Se abrirá a continuación la ventana del depurador:

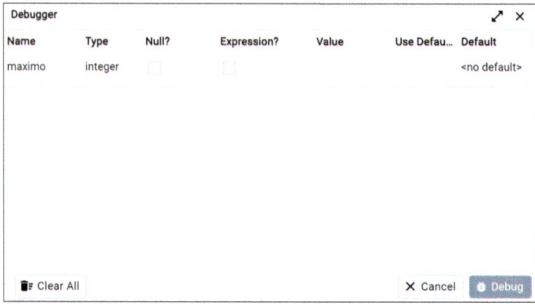

Figura 1.48. Asignación de valores a los parámetros del procedimiento.

En esta ventana se deben asignar valores a los parámetros del procedimiento:

* En *Name* se muestra el nombre del parámetro.

* En *Type* se indica el tipo de dato del parámetro.

* Si se desea asignar valor nulo al parámetro, se debe hacer clic en la casilla de verificación donde se indica *Null?*.

* En *Default* se indica el valor por defecto del parámetro.

* Si se desea asignar al parámetro el valor por defecto indicado en *Default*, se debe hacer clic en la casilla de verificación donde se indica *Use Default*.

* En *Value* se debe indicar el valor que se desea asignar al parámetro a no ser que se le quiera dar valor nulo o el valor por defecto. En este caso, vamos a asignar valor 4 al parámetro del procedimiento.

* En caso de que el valor indicado en *Value* sea una expresión, se debe hacer clic en la casilla de verificación donde se indica *Expresion?*.

Después de hacer clic en el botón *Debug* de la parte inferior, se nos muestra una pantalla como la de la Figura 1.46. Se puede crear un punto de ruptura (*breakpoint*) en la instrucción que se desee. La primera vez que se pulse el icono ● con la leyenda *Toogle breakpoint*, se coloca un punto de ruptura en la instrucción que se está ejecutando, lo que se percibe porque a la derecha del número de línea aparece un punto de color rojo. Haciendo clic sobre dicho punto, se elimina el punto de ruptura. Si se desea colocar un punto de ruptura en cualquier otra línea, basta con hacer clic a la derecha del número de línea correspondiente. En la Figura 1.49, se ha establecido un punto de ruptura en la instrucción de la línea 11.

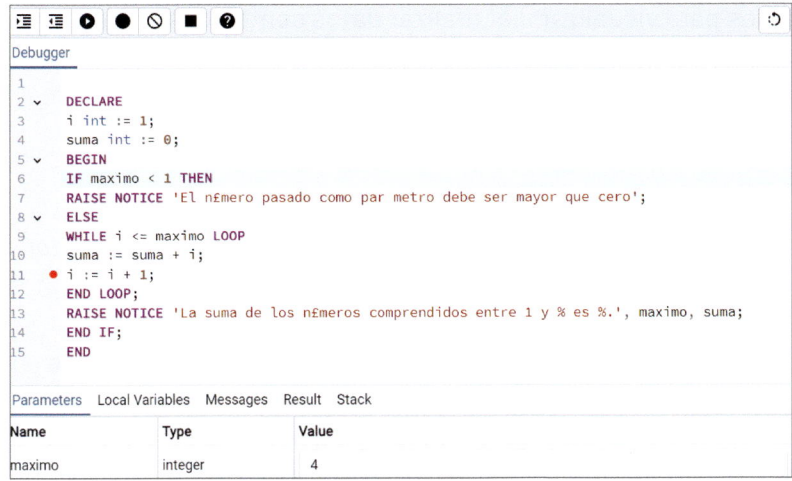

Figura 1.49. Establecimiento de un punto de ruptura.

Si se hace clic en el botón *Continue / Start*, se ejecutarán normalmente todas las instrucciones hasta el punto de ruptura y, a partir de ese momento, se puede hacer clic en el botón *Step into* para ejecutar instrucciones paso a paso.

Se pueden eliminar todos los puntos de ruptura establecidos haciendo clic en el botón con el icono ⊘ y la leyenda *Clear all breakpoints*.

Para terminar, veamos la utilidad del botón con el icono ⊒ y la leyenda *Step over*. Este botón es muy similar al *Step into*. Solo difieren cuando se realiza desde una función o un procedimiento una llamada a otra función o procedimiento. Para probar esta funcionalidad hagamos uso del procedimiento *MostrarInfoPedido* creado en el Apartado 1.4.3, desde el que se realiza una llamada al procedimiento *ConsultarPedido*.

Pues bien, si depuramos el procedimiento *MotrarInfoPedido*, y hacemos clic en el botón *Step into*, observaremos que la depuración continúa en la primera línea del procedimiento llamado (*ConsultarPedido*). Si, por el contrario, estando la ejecución en la línea correspondiente a la llamada al procedimiento

InsertarPedido, hacemos clic en el botón *Step over*, se ejecutará todo el procedimiento *ConsutarPedido* de golpe sin ir el depurador paso a paso por sus instrucciones.

1.6. Herramientas gráficas de desarrollo integradas en la base de datos

Los entornos de desarrollo en el entorno de la base de datos que hemos usado (pgAdmin y DBeaver) no incluyen herramientas gráficas que permitan crear formularios para visualizar y actualizar datos contenidos en bases de datos PostgreSQL ni tampoco herramientas para crear informes por medio de los cuales se pueda visualizar de manera atractiva información de la base de datos.

1.6.1. Creación de formularios

En esta sección se va a usar la herramienta *PostgreSQL PHP Generator*, que va a generar formularios en el lenguaje PHP para acceder a bases de datos PostgreSQL. El lenguaje PHP es un lenguaje que suele ser procesado en un servidor web por un intérprete PHP. En caso de no disponer de este intérprete en nuestro equipo, debemos instalarlo. La manera más sencilla es hacer uso de un paquete de *software* libre, como XAMPP, que incluye el servidor web Apache, el SGBD MariaDB e intérpretes para los lenguajes PHP y Perl.

Para instalar XAMPP, en primer lugar, lo descargaremos de la página web oficial https://www.apachefriends.org/download.html, donde, como se puede observar, hay versiones para distintos sistemas operativos. Se va a proceder a la descarga de la última versión (PHP 8.2.12 para Windows), para lo que se requiere hacer clic en el botón *Download (64 bit)* correspondiente.

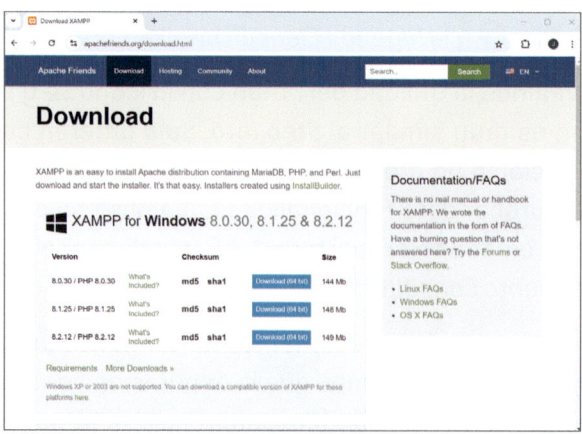

Figura 1.50. Página para descarga de XAMPP.

Se descargará un ejecutable, sobre el que deberemos hacer doble clic para iniciar la instalación. Tras hacer clic en el botón *Next* nos sale la siguiente pantalla (Figura 1.51):

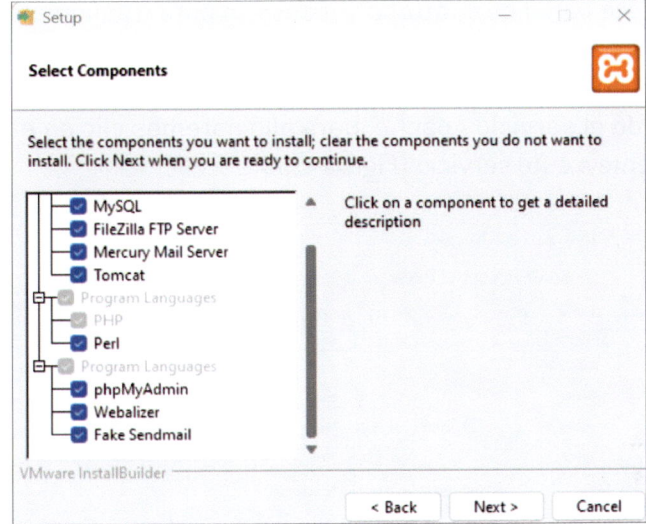

Figura 1.51. Selección de los componentes de XAMPP que se desean instalar.

Podemos mantener seleccionados todos los componentes y haremos clic en el botón *Next*. En la siguiente pantalla (Figura 1.52) debemos seleccionar la carpeta en la que deseamos instalar XAMPP. Dejamos la opción por defecto de instalarlo en la carpeta C:\xampp.

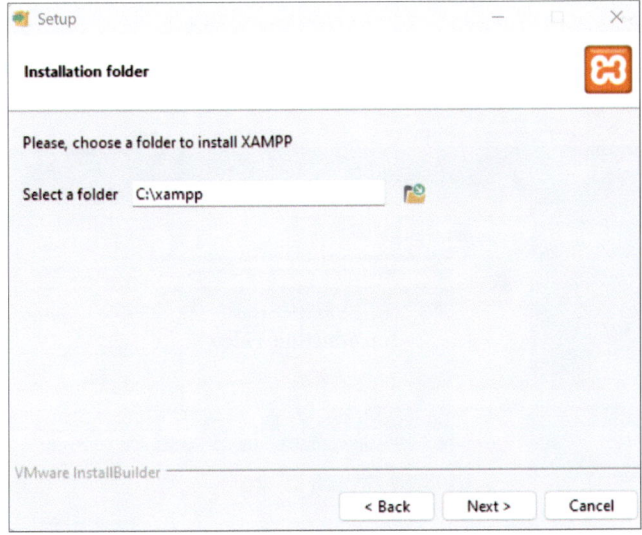

Figura 1.52. Selección de carpeta para instalación de XAMPP.

Al hacer clic en el botón *Next*, nos aparece una pantalla donde debemos seleccionar un idioma para el panel de control de XAMPP. Tras hacer clic en el botón *Next*, comienza la instalación propiamente dicha. Una vez finalizada, nos sale una pantalla en la que se nos pregunta si deseamos activar el panel de control. Este panel de control es necesario para trabajar con PHP, por lo que dejaremos seleccionada la casilla de verificación y haremos clic en el botón *Finish*. En el panel de control, para poder trabajar con PHP, debemos tener activado el servicio Apache, para ello haremos clic en el botón *Start* correspondiente a este servicio (Figura 1.53).

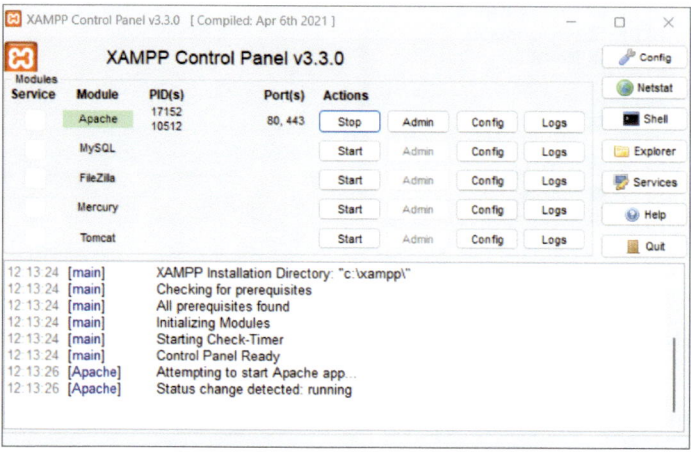

Figura 1.53. Panel de control de XAMPP.

Una vez instalado XAMPP para poder interpretar el lenguaje PHP, vamos a proceder a la instalación de *PostgreSQL PHP Generator*. Para ello accederemos a la página web https://www.sqlmaestro.com/products/postgresql/phpgenerator/.

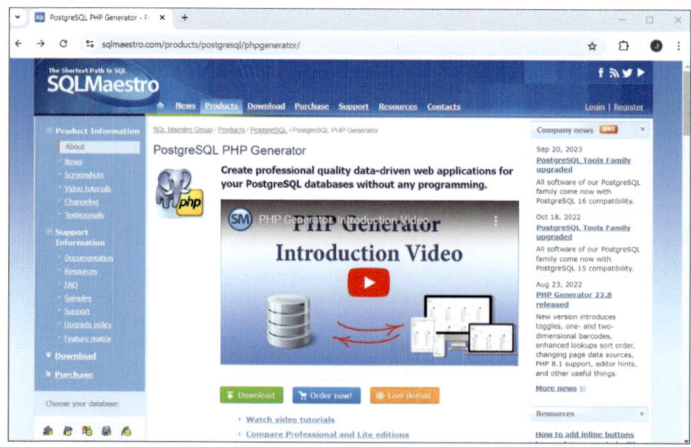

Figura 1.54. Página web para descarga de PostgreSQL PHP Generator.

Debemos hacer clic en el botón *Download* debajo del vídeo. En la siguiente pantalla se nos da la opción de realizar varias descargas y elegiremos la versión *PostgreSQL PHP Generator Lite Edition*. Al hacer clic en el enlace *Download* correspondiente, se nos indica que para descargar el producto necesitamos registrarnos como usuarios (Figura 1.55).

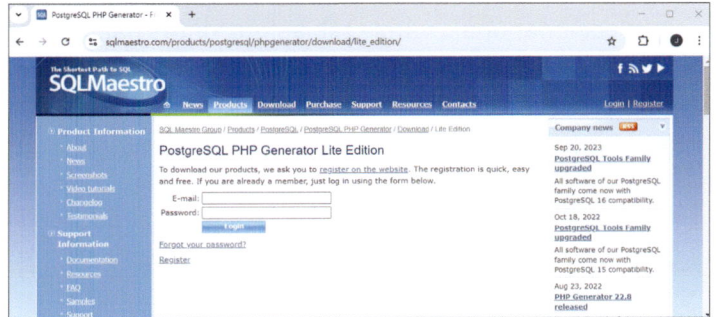

Figura 1.55. Solicitud de registro para descarga de PostgreSQL PHP Generator.

Procederemos a dicho registro haciendo clic en el enlace con el texto *Register*. Una vez registrados ya podremos efectuar la descarga del archivo ejecutable para llevar a cabo la instalación. Realizaremos la instalación seleccionando todas las opciones por defecto.

Generación de formularios con PostgreSQL PHP Generator

Al ejecutar PostgreSQL PHP Generator por primera vez, nos aparece una pantalla como la de la Figura 1.56. En ella deberemos introducir el nombre del *host*, que será el servidor local (*localhost*), dejaremos como nombre de usuario *postgres* y la contraseña correspondiente a este usuario en PostgreSQL. Además, debemos indicar la base de datos con la que vamos a trabajar, en este caso, *postgres*.

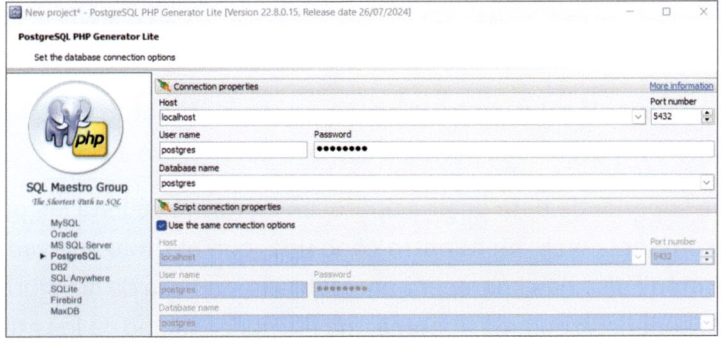

Figura 1.56. Establecimiento de una conexión para trabajar con PostgreSQL PHP Generator.

Si hacemos clic en el botón *Next*, en la siguiente pantalla podremos seleccionar las tablas y/o vistas para las cuales deseamos crear el formulario haciendo clic en el botón *Add table or view…*, o bien, crear una consulta en la que basar el formulario, para lo que habrá que hacer clic en el botón con el texto *Create query…* Vamos a optar por la primera opción. Pues bien, al hacer clic en el botón indicado, se nos muestra una nueva pantalla (Figura 1.57) en la que podemos seleccionar una o varias tablas y/o vistas haciendo clic en la/s casilla/s de verificación correspondiente/s. Optamos por seleccionar la tabla *Articulo* solamente.

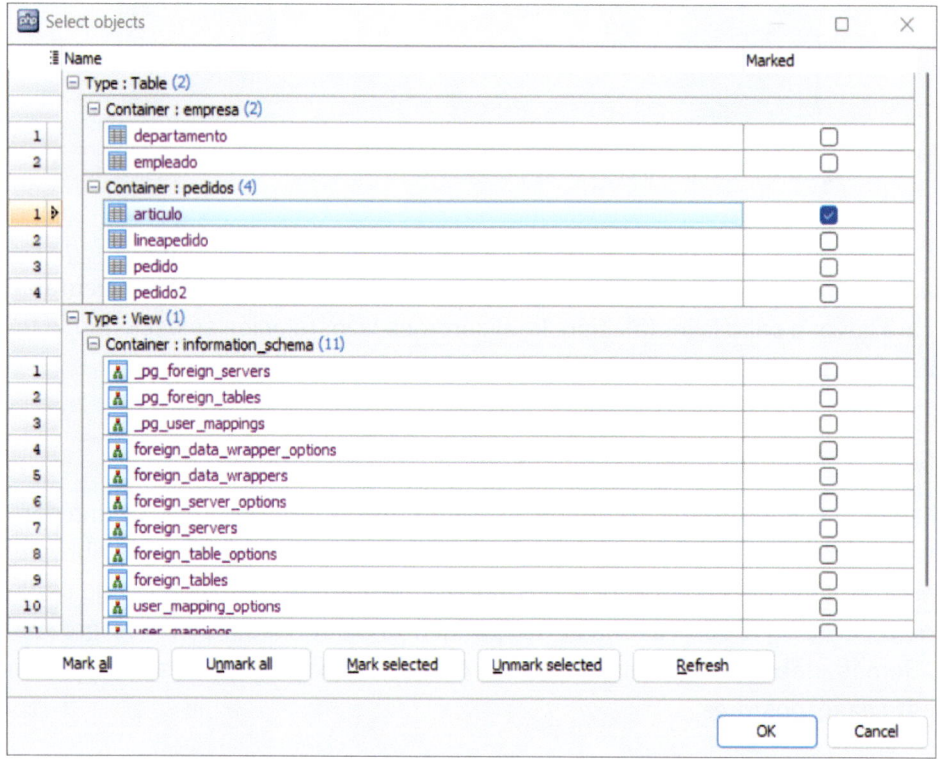

Figura 1.57. Selección de las tablas y/o vistas para el formulario.

Si tras seleccionar la tabla *Articulo* hacemos clic en el botón *OK*, y luego en el botón *Next*, nos aparece una pantalla como la de la Figura 1.58.

En la parte superior de esta página aparecen en forma de lista las páginas de que va a constar la web, en nuestro caso una, con el título *Articulo*. Al hacer clic en el botón *Edit…* nos aparecerá una pantalla, como la de la Figura 1.59, en cuya parte superior izquierda aparece una fila por cada uno de los atributos de la tabla *Articulo*, cuyo contenido se va a mostrar en el formulario.

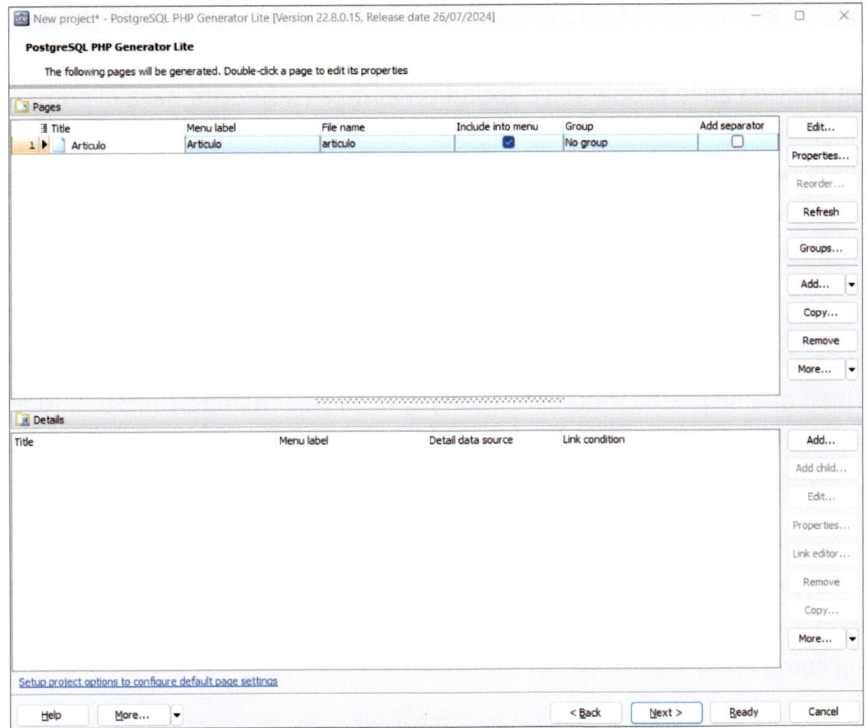

Figura 1.58. Indicación de páginas de que va a constar nuestra web.

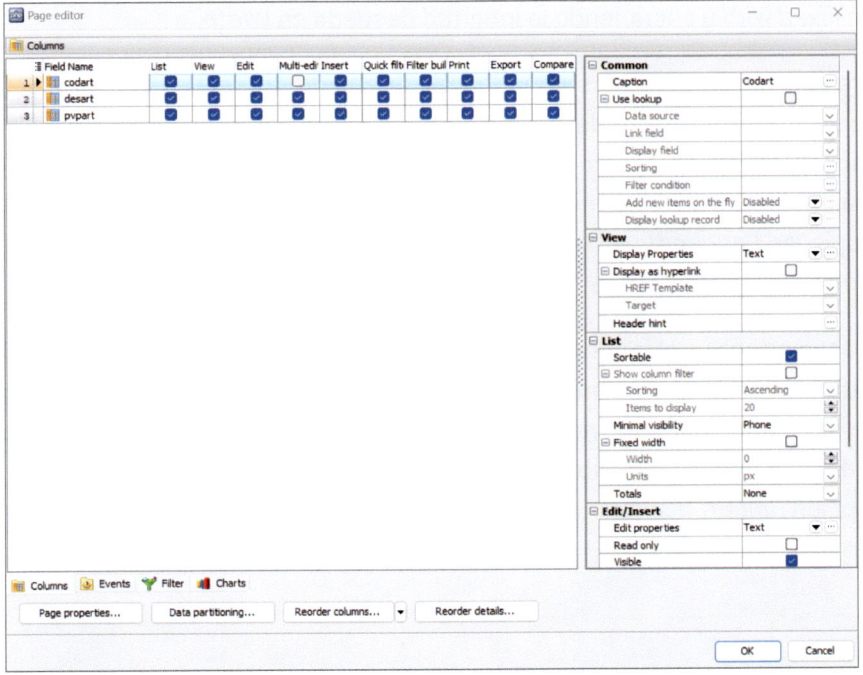

Figura 1.59. Campos de la tabla *Articulo* que se van a mostrar en el formulario.

Se puede modificar el texto que acompaña a cada atributo de la tabla en el formulario simplemente seleccionando la fila correspondiente a dicho campo y escribiendo en la propiedad *Caption* un nombre diferente para el campo en la parte derecha de la pantalla. Modificaremos esta propiedad para los tres campos para que sean más descriptivos. La opción *Use lookup* que aparece más abajo sirve para crear campos que tengan como origen datos contenidos en otra tabla, generalmente, como se explicará más tarde.

Para cada atributo se puede indicar, haciendo clic en la casilla de verificación correspondiente, si queremos que solo se muestre (*List* y *View*) o si queremos también que se pueda modificar (*Edit*), que se pueda añadir (*Insert*), que se pueda filtrar por ese campo (*Quick search*), etc. Mantendremos todas las casillas de verificación tal cual aparecen.

En la sección *View* de la derecha, por cada atributo se puede seleccionar la forma en que se desea mostrar el dato (como texto, como fecha u hora, como imagen, como casilla de verificación, etc.). Por ahora, mostraremos todos los datos como texto.

En la sección *List* de la derecha por cada atributo se puede indicar si se desea permitir ordenar por ese atributo en la propiedad *Sortable*, o si se desea establecer un tamaño máximo para dicho campo marcando la casilla de verificación *Fixed with* y escribiendo la longitud deseada en *Width*.

En la sección *Edit/Insert* se puede indicar en *Edit properties* cómo se desea que se muestre el valor del atributo (como texto, botón de opción, casilla de verificación, etc.), así como si el atributo se puede ver (propiedad *Visible*), si está habilitado para su modificación (propiedad *Enabled*), si es obligatorio (propiedad *Required*) y el valor por defecto que se le desea asignar (propiedad *Default value*). Mantendremos las opciones por defecto.

Si hacemos clic en el botón *OK*, vuelve a mostrarse la pantalla de la Figura 1.58, en la que, al hacer clic en el botón *Next*, podemos seleccionar el formato que deseamos dar a la web que se generará. Haciendo clic en la lista *Color scheme* se puede seleccionar una de las opciones disponibles. Optamos por la opción *United*.

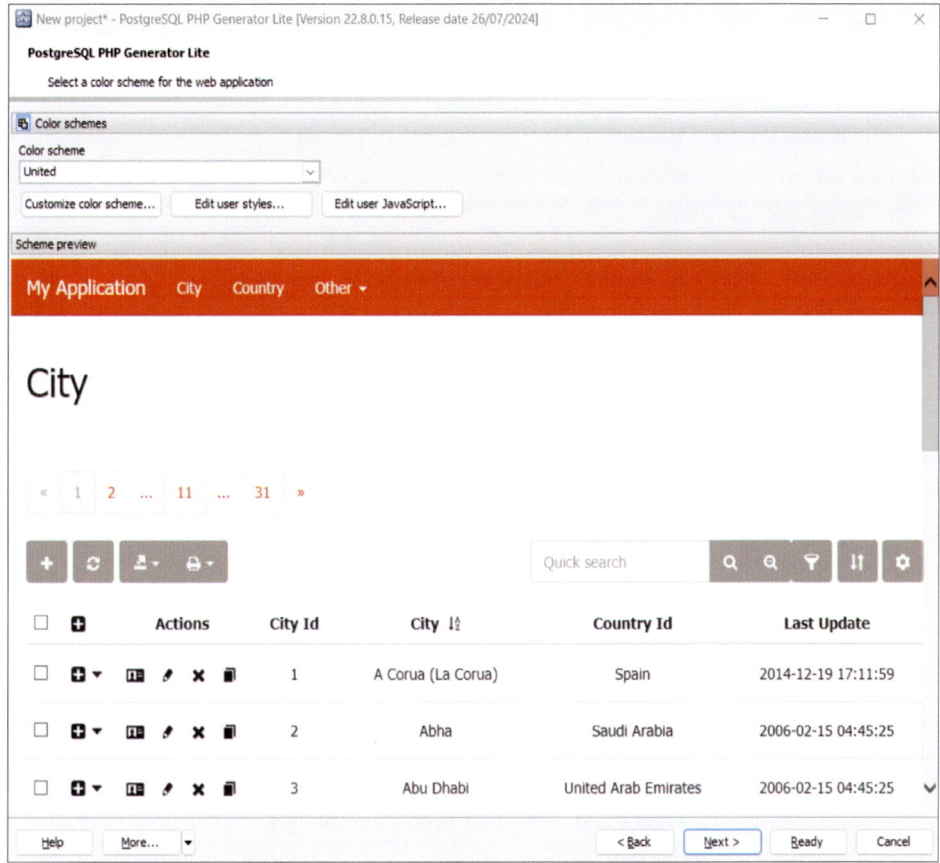

Figura 1.60. Selección del aspecto del formulario.

Si hacemos clic en el botón *Next*, nos aparece la pantalla de la Figura 1.61, en la que podemos seleccionar un encabezado (*header*) y pie para nuestras páginas (*footer*) haciendo clic en el enlace de la parte superior. En la parte inferior (*Output options*) se puede seleccionar la carpeta en la que se va a depositar la página web resultante. Vamos a poner como ubicación C:\xampp\htdocs\pedidos. Tengamos en cuenta que la carpeta c:\xampp\htdocs es donde habrá que ubicar todas las carpetas con los formularios que deseemos crear, porque esta es la carpeta en la que se deben depositar las páginas web escritas en PHP que queramos visualizar en nuestro equipo.

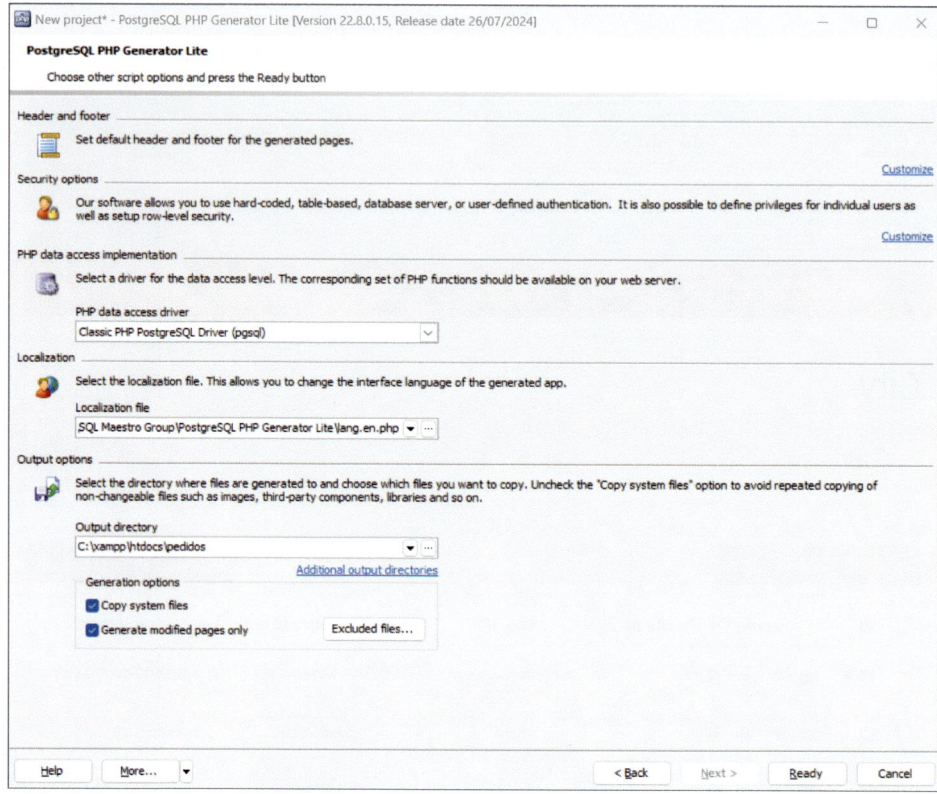

Figura 1.61. Selección de opciones finales.

Si hacemos clic en el botón *Ready*, se generará a continuación el formulario. Una vez generado, si hacemos clic en el botón *Close*, se nos preguntará si deseamos cerrar el programa, a lo que podemos responder que sí. En tal caso, nos saldrá un nuevo cuadro de diálogo (Figura 1.62) en el que se nos preguntará si deseamos guardar el proyecto.

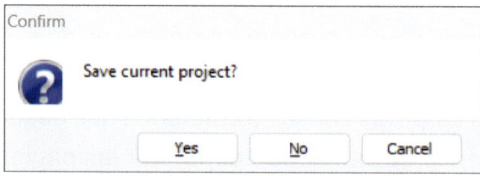

Figura 1.62. Almacenamiento del proyecto.

Si deseamos almacenarlo, haremos clic en *Yes* y se nos solicitará la ubicación en la que deseamos guardarlo. Indicaremos dicha ubicación, donde se almacenará un archivo de tipo *PHP Generator Templates* con extensión *pgtp*. Luego se podrá hacer doble clic sobre este archivo para poder usar de nuevo el proyecto generado.

Pues bien, el archivo de la carpeta C:\xampp\htdocs\pedidos que contiene la web es articulo.php, por lo que para poder visualizar el formulario tendremos que abrir un navegador web y escribir en la barra de direcciones http://localhost/pedidos/articulo.php. Puede que nos aparezca un mensaje de error, como el siguiente (Figura 1.63):

Data retrieval errors:

Could not connect to localhost: We were unable to use the PostgreSQL database because the pgsql extension for PHP is not installed. Check your PHP.ini to see how you can enable it. Check out the documentation to see how to install the extension.

If you see this message for the first time, try to **reload the page with the default settings**.

Figura 1.63. Mensaje de error al visualizar el formulario.

En ese caso, tenemos que instalar la extensión *pgsql* para PHP. Para ello, hay que visualizar el contenido del fichero de configuración de PHP php.ini situado en la carpeta C:\xampp\php. Debemos abrir este fichero con el bloc de notas y asegurarnos de que está instalada esta extensión, para lo que debe aparecer una línea con el siguiente contenido:

```
extension=pgsql
```

En caso de que delante de esta línea aparezca un símbolo punto y coma, lo hemos de eliminar porque este símbolo indica que esa línea está comentada.

Tras volver a iniciar el panel de control de XAMPP, si intentamos mostrar de nuevo la web, ya la veremos correctamente, como en la Figura 1.64:

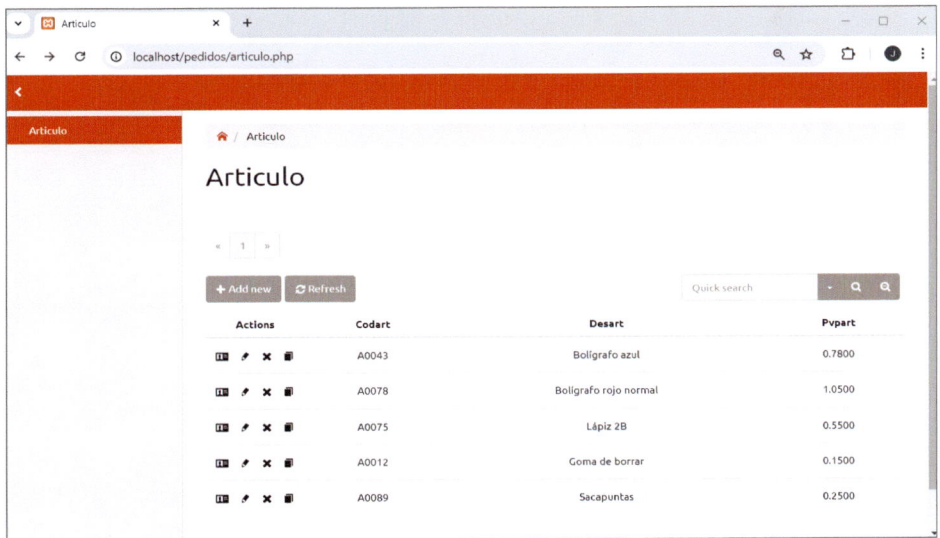

Figura 1.64. Visualización de formulario creado para la tabla *Articulo*.

En este formulario aparecen todos los datos de la tabla *Articulo*. Para cada fila de la tabla *Articulo* podemos hacer clic en cualquiera de los enlaces con las leyendas *View*, *Edit*, *Delete* o *Copy* para visualizar los datos en una página separada, modificar los valores almacenados, eliminar un artículo o bien copiar sus datos, respectivamente. Se pueden también añadir nuevos artículos haciendo clic en el botón de la parte superior *Add new* o bien hacer una búsqueda de artículos escribiendo el término de búsqueda en el cuadro de texto que pone *Quick search*.

Ahora vamos a entrar en el proyecto almacenado y añadir nuevo contenido al mismo. Haciendo doble clic sobre el archivo con extensión pgtp nos vuelve a salir la pantalla de la Figura 1.56. Pues bien, vamos a añadir al formulario que hemos generado la posibilidad de visualizar y modificar también las otras dos tablas existentes en el esquema *pedidos* (*Pedido* y *LineaPedido*). En la pantalla correspondiente haremos clic en el botón *Add table or view...* y añadiremos las tablas *Pedido* y *LineaPedido*. A continuación, haremos clic en el botón *Next*.

Para la tabla *Pedido* cambiaremos la propiedad *caption* para los atributos *RefPed* (referencia del pedido) y *FecPed* (fecha del pedido). Se puede observar que para este último campo (*FecPed*) en las secciones *View* y *Edit/Insert* aparece seleccionada ya por defecto en *Display Properties* y *Edit properties* la opción *DateTime* por estar definido este campo como de tipo *date* (Figura 1.65).

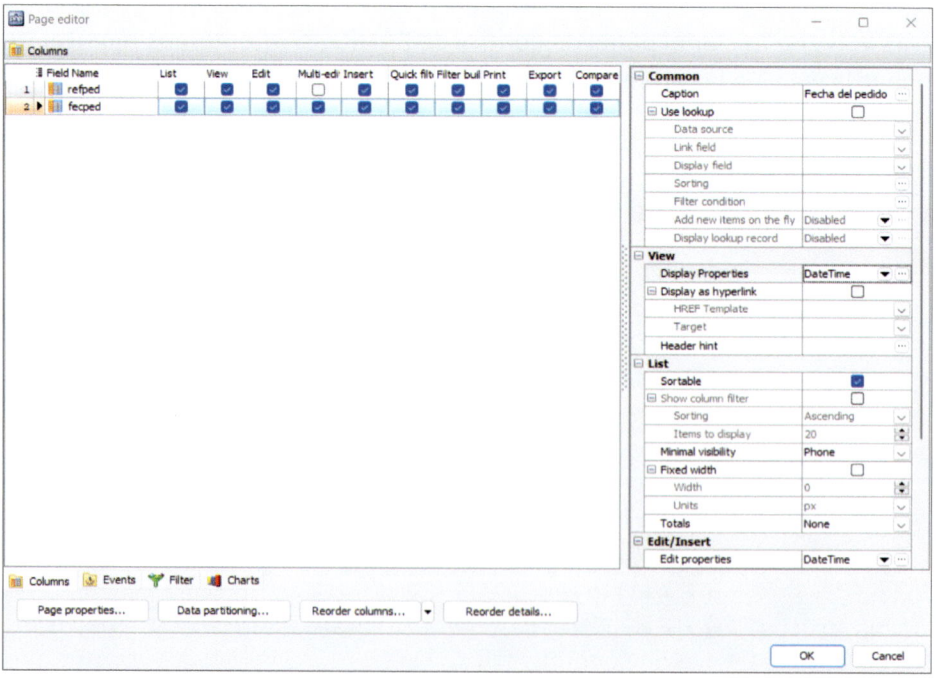

Figura 1.65. Opciones para visualización del campo *FecPed* de la tabla *Pedido*.

Para la tabla *LineaPedido*, por su parte, también cambiaremos la propiedad *caption* para sus tres campos, pero además haremos lo siguiente para el campo *RefPed*: Activaremos la casilla de verificación *Use lookup* en la sección *Common* con el fin de que el usuario no tenga que teclear a mano la referencia del pedido, sino que pueda seleccionar una de las referencias de pedido existentes en la tabla *Pedido*. En *Data source* seleccionaremos la tabla que contiene el campo cuyo contenido se desea mostrar (*pedidos.Pedido*), en *Link field* el campo por el que se establece la relación entre las dos tablas (clave ajena y correspondiente clave primaria), esto es, *RefPed* y en *Display field* el campo cuyo contenido se desea mostrar en el formulario, que en este caso también es *RefPed*.

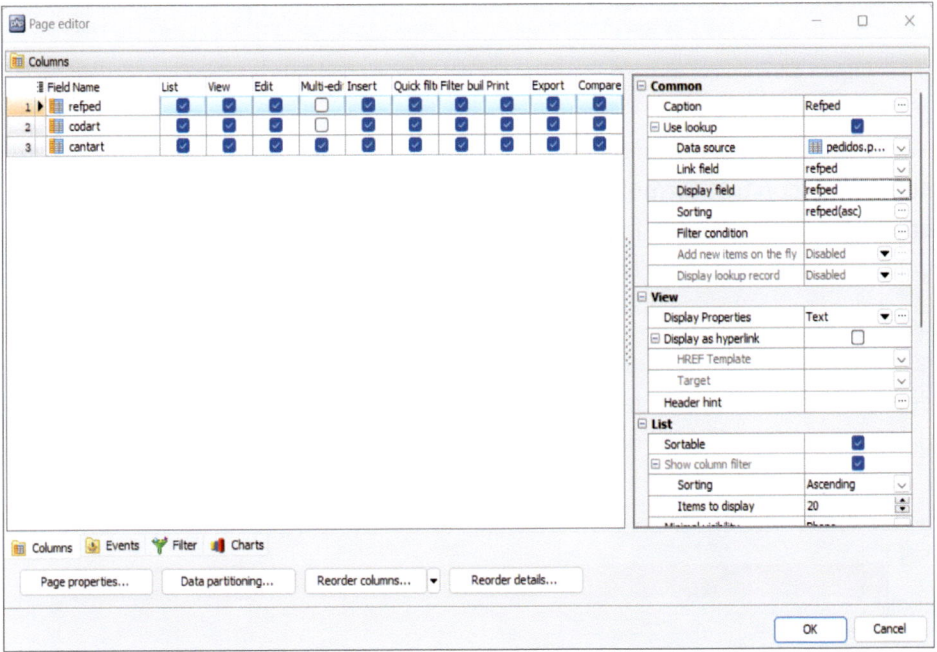

Figura 1.66. Opciones para visualización del campo *RefPed* de la tabla *LineaPedido*.

Por otro lado, para el atributo *CodArt* nos interesa que en la tabla *LineaPedido* no sea necesario teclear el código del artículo, sino que se pueda seleccionar la descripción de alguno de los artículos existentes en la tabla *Articulo*. Por todo ello, para el atributo *CodArt* de la tabla *LineaPedido* pondremos como *caption* «Descripción del artículo», activaremos la casilla de verificación *Use lookup*, en *Data source* seleccionaremos la tabla *pedidos.Articulo*, en *Link field* elegiremos el campo que conecta las dos tablas (*CodArt*) y en *Display field*, el campo cuyo contenido se desea mostrar en el formulario (*DesArt*).

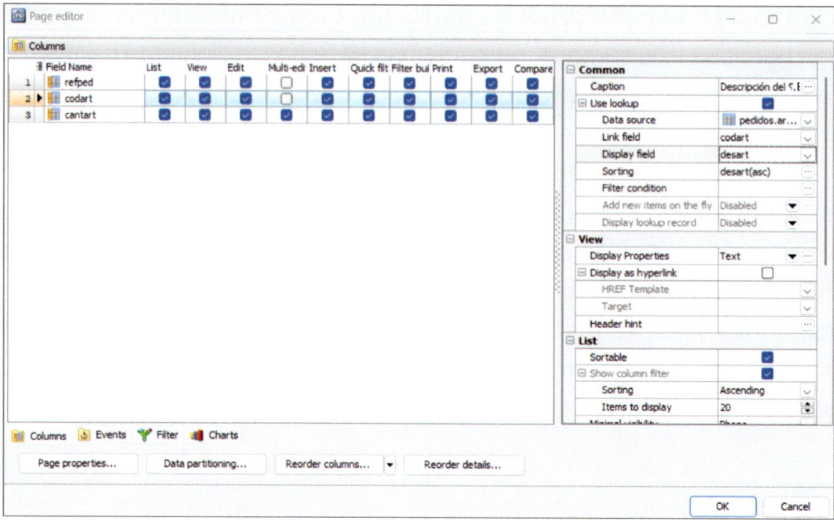

Figura 1.67. Opciones para visualización del campo *CodArt* de la tabla *LineaPedido*.

Hacemos clic en el botón *OK* y luego en *Ready*, por lo que se nos generará una nueva web con tres formularios: uno para la visualización y modificación de los datos de la tabla *Pedido* (pedido.php), otro para la tabla *Articulo* (articulo.php) y un último para la tabla *LineaPedido* (lineapedido.php).

Comenzaremos visualizando el formulario para la tabla *Pedido* escribiendo en la barra de direcciones del navegador http://localhost/pedidos/pedido.php. Podemos observar que en la parte izquierda de la pantalla se nos da la posibilidad de acceder a los formularios para las tres tablas.

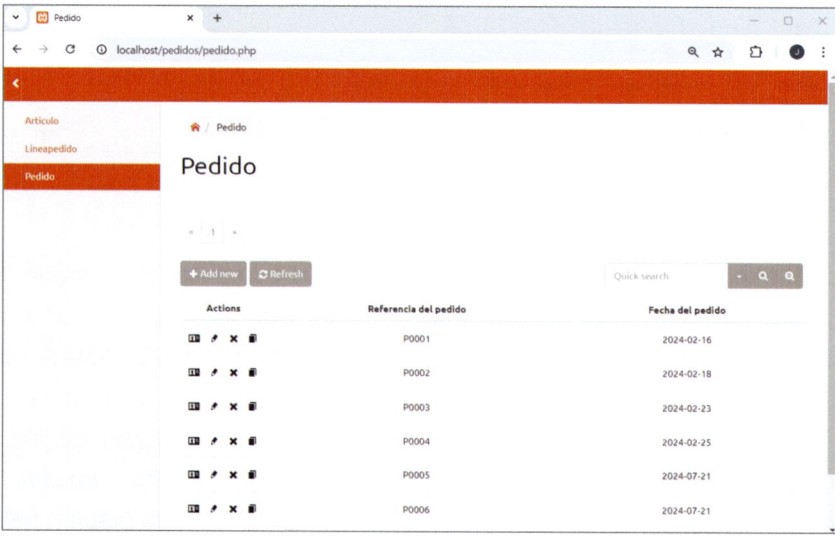

Figura 1.68. Visualización de formulario creado para la tabla *Pedido*.

Si hacemos clic para uno de los pedidos (por ejemplo, el P0006), en el enlace con la leyenda *Edit*, nos aparece la pantalla de la Figura 1.69, en la que, para la modificación de la fecha del pedido, se muestra un calendario.

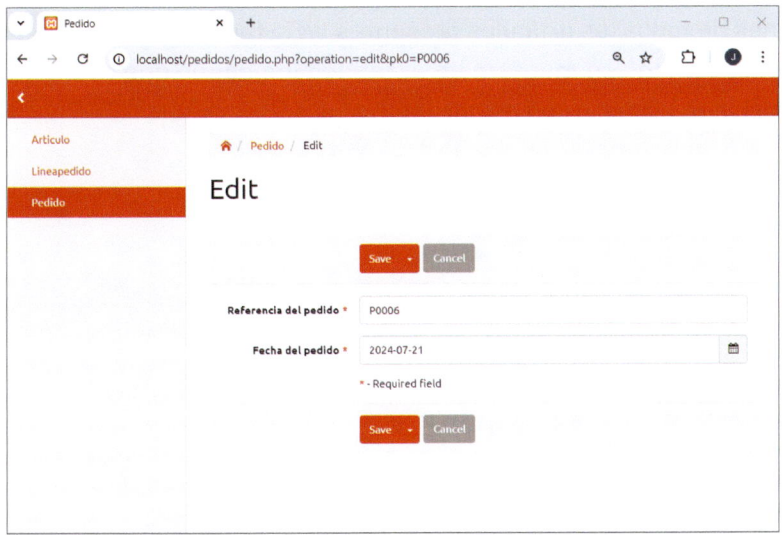

Figura 1.69. Modificación de la fecha de un pedido.

Por otro lado, si accedemos al formulario para la tabla *LineaPedido* y desea-mos añadir una nueva línea, haremos clic en el botón + (Figura 1.70).

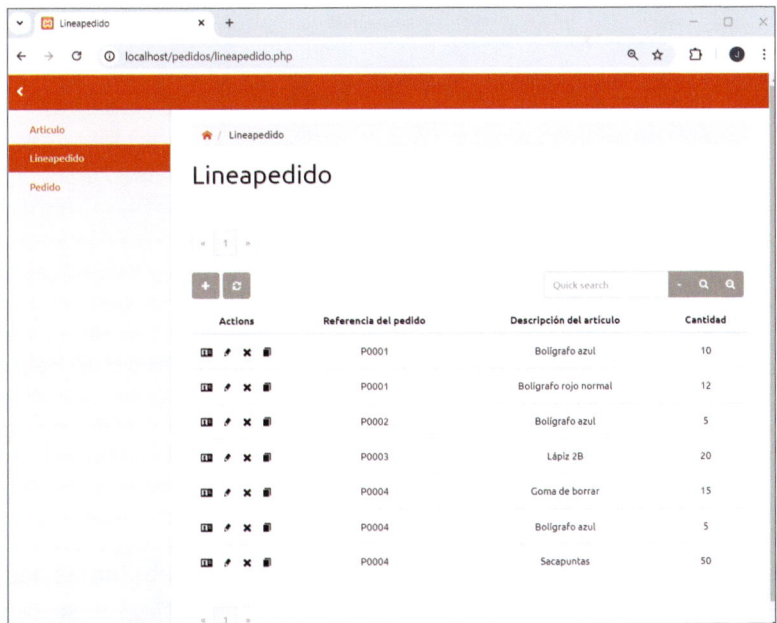

Figura 1.70. Visualización de las líneas de pedido.

En la pantalla de la Figura 1.71, para la introducción del pedido correspondiente a la línea de pedido y para la indicación del artículo correspondiente, se muestran dos listas de selección. En la primera de ellas aparecen las referencias de los pedidos existentes en la tabla *Pedido* y en la segunda, las descripciones de todos los artículos presentes en la tabla *Articulo*. Además, para todos los atributos se muestra un asterisco indicando que el campo no se puede dejar en blanco o que es obligatorio.

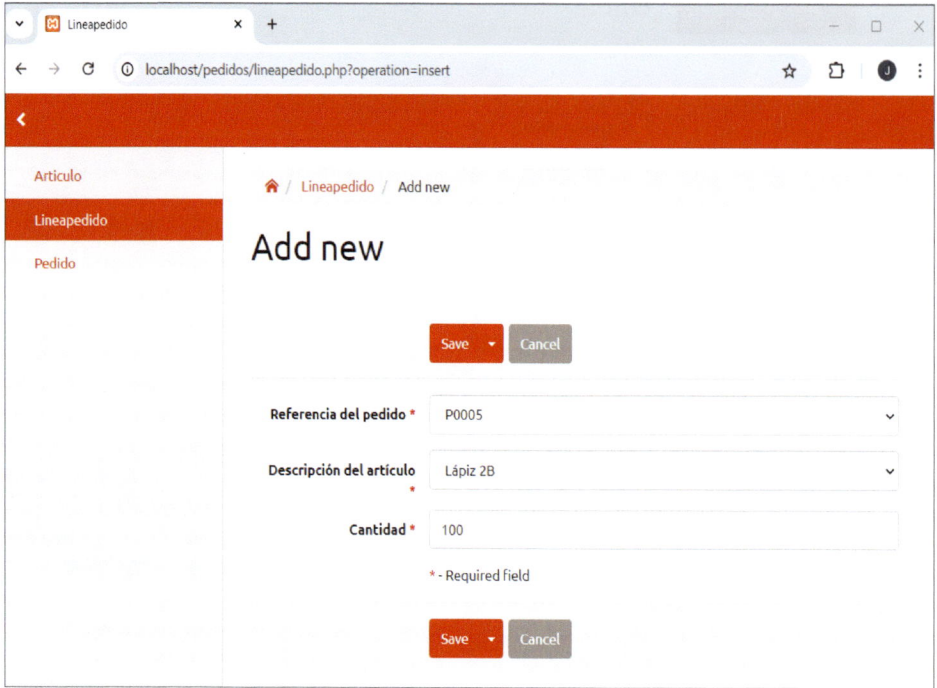

Figura 1.71. Introducción de una nueva línea de pedido.

1.6.2. Creación de informes

Se va a emplear una herramienta para generación de informes para PostgreSQL que se llama dbForge Studio for PostgreSQL.

Instalación de dbForge Studio for PostgresSQL

Para poder instalar esta herramienta, en primer lugar, la deberemos descargar de la página web oficial. Para ello se debe acceder la página web: https://www.devart.com/dbforge/postgresql/studio/.

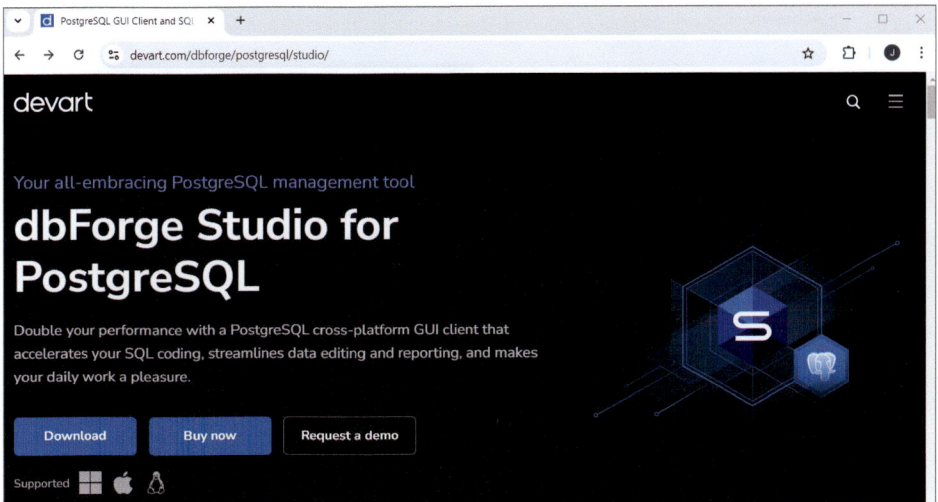

Figura 1.72. Página para descarga de dbForge Studio for PostgreSQL.

Debemos hacer clic en el botón *Download* para proceder a la descarga. En la siguiente pantalla (Figura 1.73) se debe hacer clic en el botón *Get Trial*.

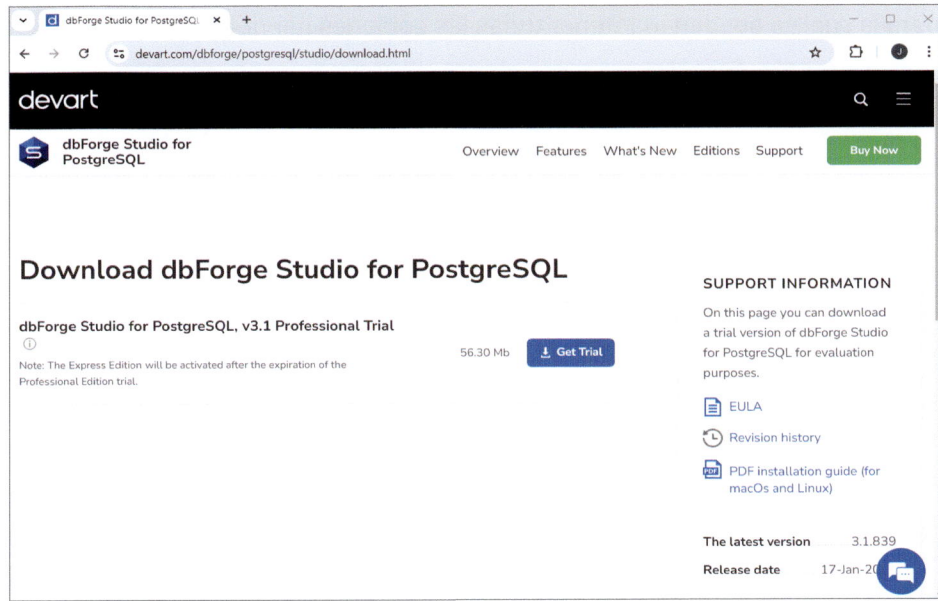

Figura 1.73. Obtención de una versión de prueba de dbForge Studio for PostgreSQL.

En la siguiente pantalla (Figura 1.74) se nos solicitarán varios datos para darnos de alta y crear una cuenta de Devart (empresa que ha creado esta herramienta). También existe la opción de que nos demos de alta con una cuenta de Google, LinkedIn o GitHub.

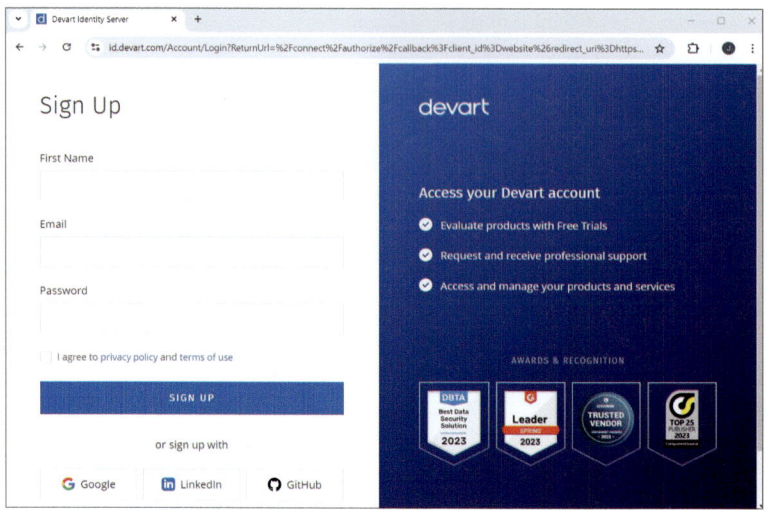

Figura 1.74. Proceso de alta para descarga.

Una vez dados de alta, nos permitirá la descarga de la herramienta, para lo que se deberá hacer clic en el botón *Download*. Se descargará entonces un archivo con extensión .exe, que habrá que ejecutar para realizar la instalación, para la cual se pueden mantener todas las opciones por defecto.

Una vez lanzada la aplicación, lo primero que deberemos hacer es crear una conexión por medio de la opción de menú *Database – New Connection*. Entonces nos surgirá una pantalla como la de la Figura 1.75:

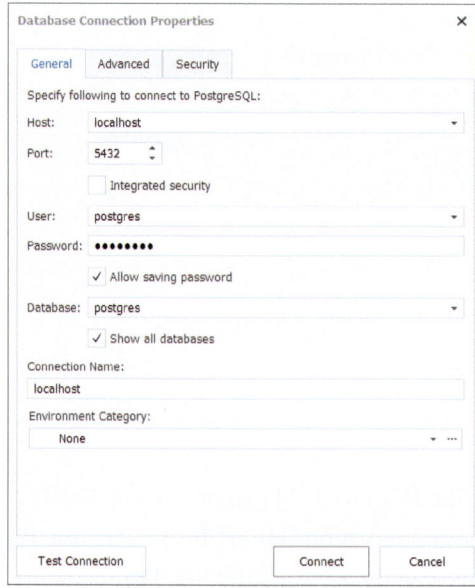

Figura 1.75. Creación de una conexión en dbForge Studio for PostgreSQL.

En esta pantalla debemos introducir los datos para conectarnos a PostgreSQL (equipo, puerto, usuario, contraseña y base de datos por defecto). También podemos cambiar el nombre de la conexión si no nos gusta el que se muestra por defecto. Una vez introducidos todos estos datos, podemos comprobar la conexión haciendo clic en el botón *Test Connection*. Si todo ha ido bien, ya nos podemos conectar haciendo clic en el botón *Connect*. Entonces, se mostrará en la pantalla en el extremo izquierdo (explorador de bases de datos) la conexión que se acaba de crear. Si desplegamos el nombre de la base de datos (*postgres*), nos aparecerán los esquemas disponibles en la base de datos, como se puede observar en la Figura 1.76. También se puede desplegar cada esquema para visualizar todos sus elementos (tablas, vistas, procedimientos, funciones, etc.).

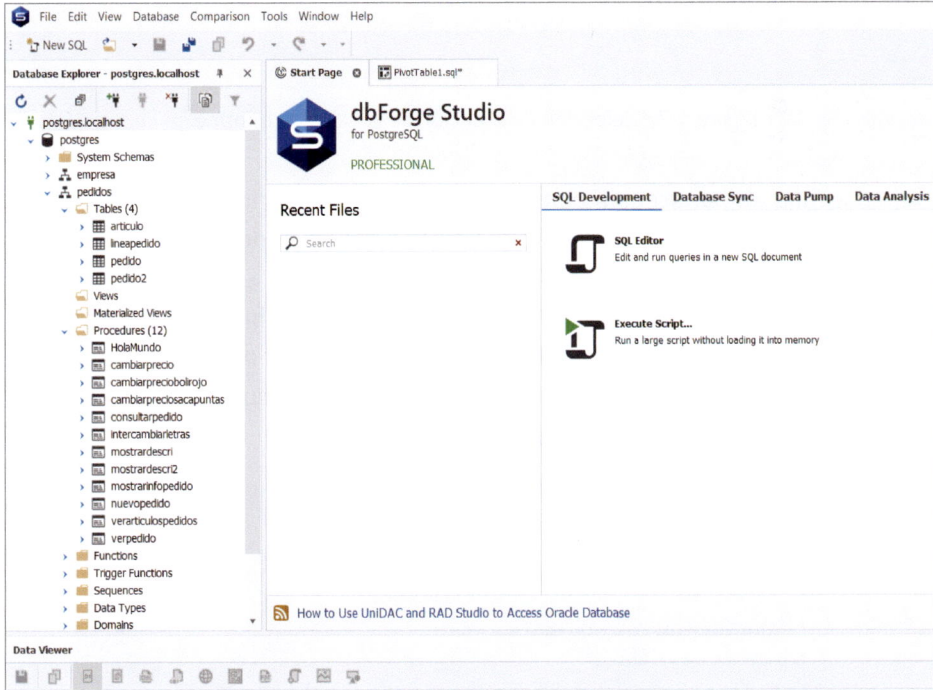

Figura 1.76. Explorador de bases de datos de dbForge Studio for PostgreSQL.

Generación de informes con dbForge Studio for PostgreSQL

Para generar un informe es necesario en la parte derecha de la pantalla seleccionar la pestaña *Data Analysis* y elegir la opción *Design New Report…*, como se ve en la Figura 1.77. Otra opción es seleccionar la opción de menú *Database – Report Designer…*:

127

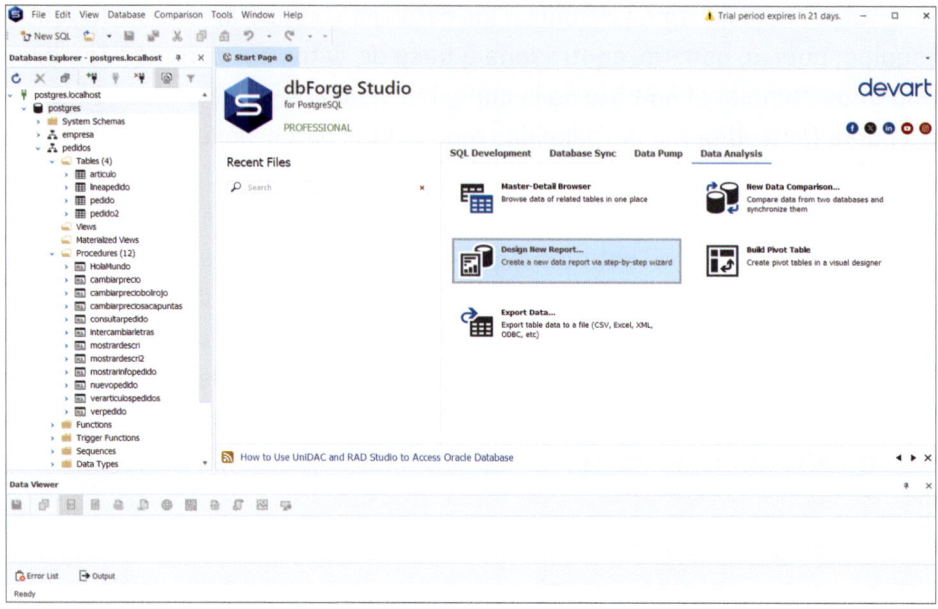

Figura 1.77. Selección de la opción de generar un informe.

En la pantalla que aparece a continuación, se debe elegir la opción *Standard Report*. En la siguiente pantalla se debe seleccionar la conexión (la que se acaba de crear) y se debe indicar si se quiere crear el informe a partir de una única tabla o vista o a partir de una consulta, opción que habrá que elegir cuando los datos del informe procedan de varias tablas. Vamos a comenzar creando un informe sobre el contenido de la tabla *Articulo* del esquema *pedidos*, por lo que seleccionaremos la primera opción indicada:

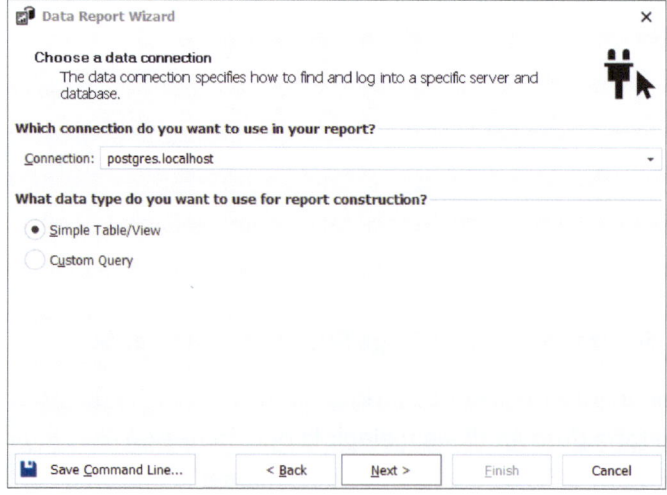

Figura 1.78. Selección de la conexión y el origen de los datos del informe.

En la siguiente pantalla se muestran, como en el explorador de bases de datos, los elementos disponibles en la base de datos correspondiente a la conexión. En este caso, se va a seleccionar, como se indicó antes, la tabla *Articulo* del esquema *pedidos*, como se puede observar en la Figura 1.79. Tras seleccionar dicha tabla, se debe hacer clic en el botón con una flecha a la derecha para moverla de la sección *Available item(s)* a la sección *Selected item*.

Figura 1.79. Selección de la tabla *Articulo* del esquema *pedidos*.

Después, se debe hacer clic en el botón *Next*, y en la siguiente pantalla seleccionar los atributos que se desean mostrar en el informe, de manera que deben aparecer dichos atributos en la sección *Fields to display in a report*. En este caso, seleccionamos todos ellos.

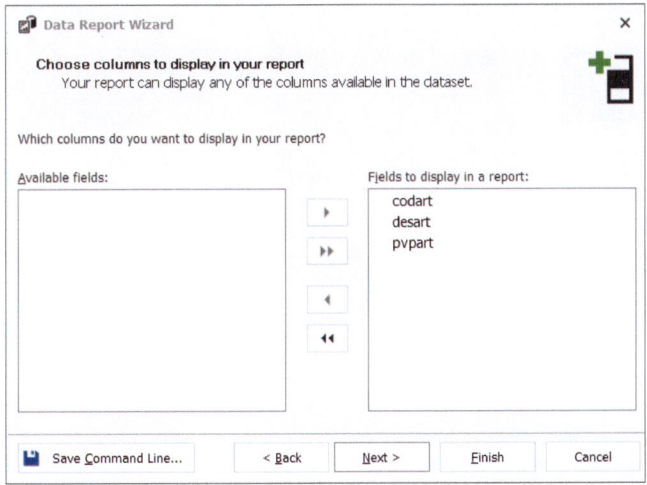

Figura 1.80. Selección de los atributos que se desean mostrar en el informe.

Posteriormente, se debe hacer clic en el botón *Next*. En la siguiente pantalla se pueden indicar campos por los que realizar agrupamientos, algo que en este caso no tiene sentido, por lo que haremos clic en *Next*. Posteriormente, se nos pide información sobre el aspecto estético del informe: podemos indicar si queremos que se muestre la información por columnas, en forma de tabla o justificada y si la orientación de la página debe ser vertical (opción *Portrait*) u horizontal (opción *Landscape*).

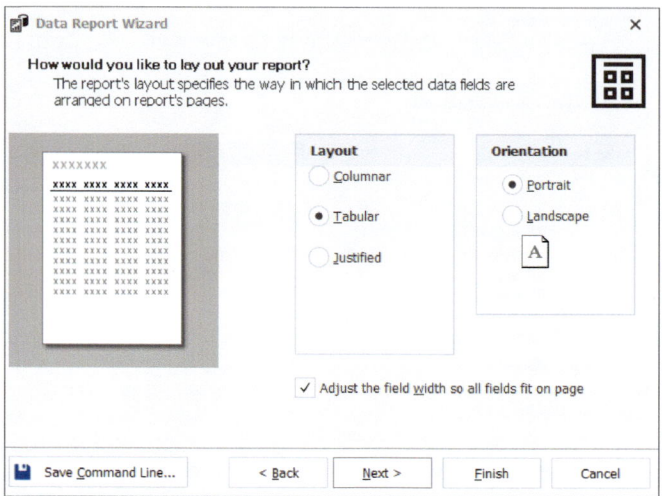

Figura 1.81. Selección de aspectos estéticos del informe.

En la siguiente pantalla podemos elegir el estilo del informe y, para finalizar, debemos asignarle un título.

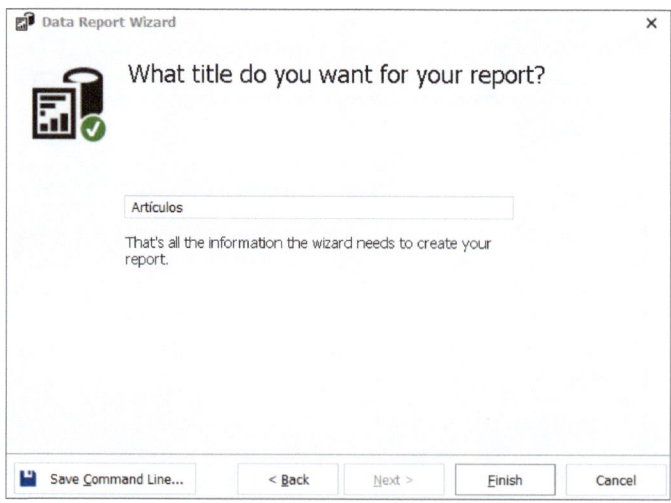

Figura 1.82. Asignación de un título al informe.

Al hacer clic en el botón *Finish*, nos aparece una pantalla con la vista de diseño del informe, como se muestra a continuación (Figura 1.83):

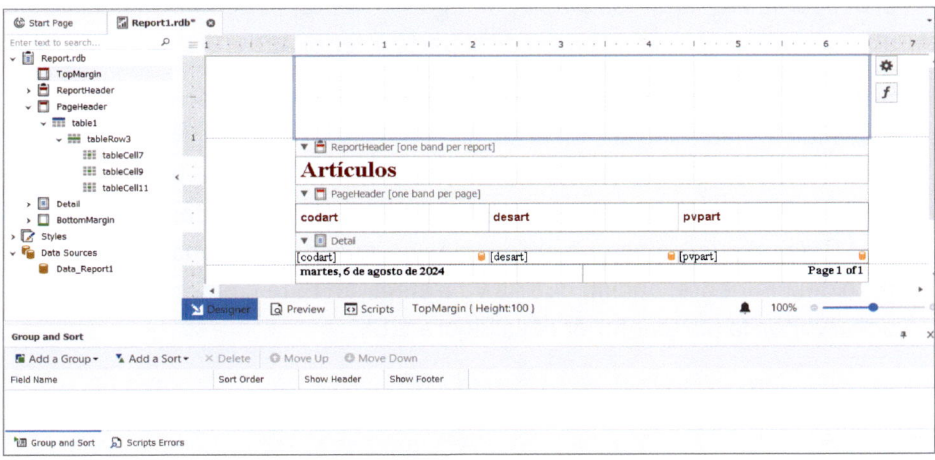

Figura 1.83. Vista de diseño del informe.

Debajo del pie del informe se puede observar que está marcada en color azul la opción *Designer*. Pues bien, si hacemos clic en el botón *Preview*, se puede ver el aspecto del informe con los datos. En la vista *Designer* se pueden modificar el título del informe, su pie e incluso las cabeceras de las columnas. Por ejemplo, si no se considera adecuado que aparezcan los nombres de los atributos de la tabla como encabezado de cada columna y se desean sustituir por nombres más descriptivos, basta con hacer doble clic sobre el nombre del atributo en color negro y cambiarlo por lo que se desee. Al hacer clic en el botón *Preview*, ya se verá el nuevo contenido, como el siguiente tras cambiar las cabeceras de las columnas.

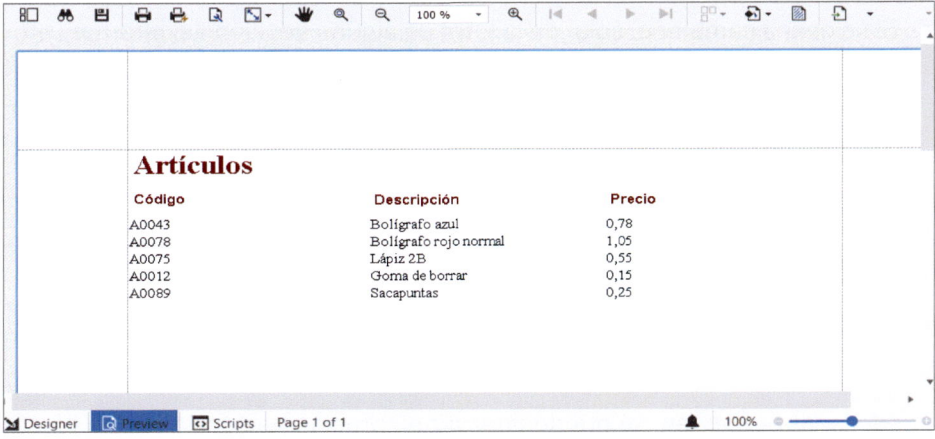

Figura 1.84. Visualización del contenido del informe.

Una vez generado un informe, se pueden modificar varios de sus aspectos en la vista diseño, como los siguientes:

• Si deseamos agrupar los datos por algún atributo, podemos seleccionarlo ahora haciendo clic en el botón de la parte inferior *Add a Group*.

• Si deseamos ordenar los datos en base al valor de algún atributo, lo podemos indicar haciendo clic en el botón *Add a Sort*. Por ejemplo, si se desean ordenar los artículos del más caro al más barato, se debe hacer clic en el atributo PVPArt, el cual se mostrará más abajo, donde podemos indicar en *Sort Order* si queremos una ordenación en ascendente (opción por defecto) o descendente, opción que se va a elegir en este caso, como se puede observar en la parte inferior de la Figura 1.85.

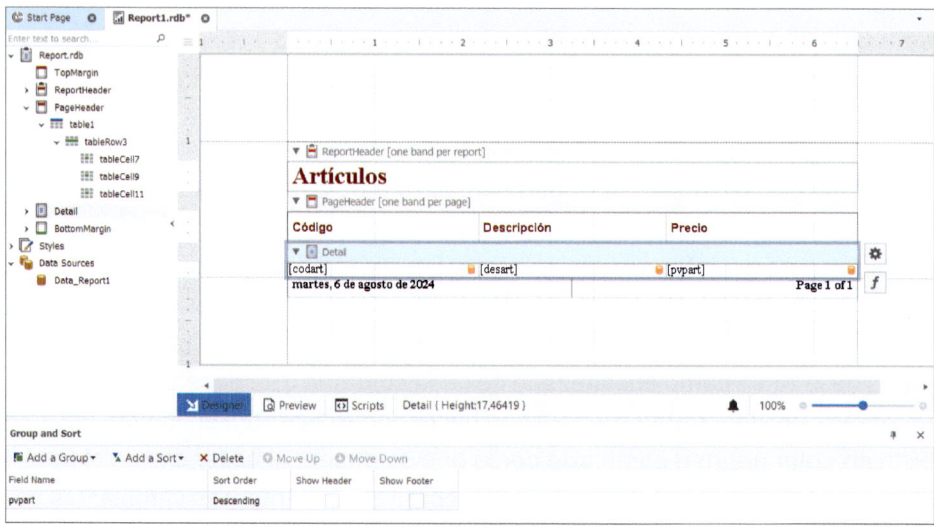

Figura 1.85. Selección de una ordenación de los datos del informe.

• Si se desea cambiar el color de la letra de alguna sección del informe (título, área de detalle, etc.) basta con seleccionar con el botón izquierdo del ratón dicha área y hacer clic en el botón 🔳 con la leyenda *Foreground Color*. También se podría cambiar el color de fondo de un área haciendo clic en el botón 🔳 con la leyenda *Background Color*.

• También se puede cambiar la alineación y diversas características de la letra (negrita, cursiva o subrayada).

Por otro lado, desde la vista *Preview* se puede cambiar el color de fondo de todo el informe haciendo clic en el icono 🔳 con la leyenda *Color*.

Desde la vista *Preview* se puede guardar el informe haciendo clic en el icono 💾, en cuyo caso se guardará con extensión .pmx en la ubicación que indiquemos. Una utilidad muy importante es la posibilidad de exportarlo a distintos formatos, como PDF, XLSX o HTML. Al hacer clic en el icono ⬜ ▾ se muestran, como se puede observar en la Figura 1.86 distintas opciones de exportación.

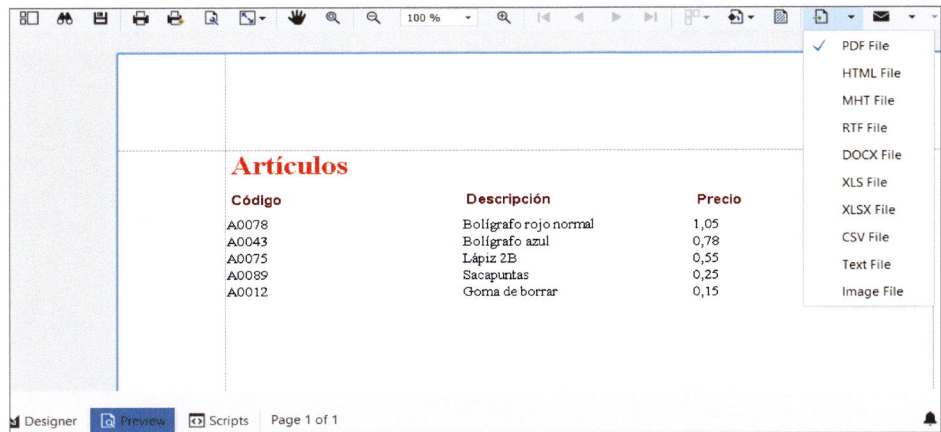

Figura 1.86. Exportación del informe a distintos formatos.

A modo de ejemplo, lo podemos exportar a formato PDF simplemente haciendo clic en el botón *OK* de la pantalla que aparece a continuación y seleccionando la ruta donde deseamos guardarlo y el nombre que queremos dar al archivo.

El informe que hemos generado se ha realizado a partir de datos contenidos en una tabla, pero también se pueden generar informes a partir de datos contenidos en varias tablas, para lo que hay dos opciones: crear una vista que contenga los datos de las correspondientes tablas o crear una consulta. A modo de ejemplo, se va a crear una consulta que contenga los datos de las tablas *Articulo* y *LineaPedido* del esquema *pedidos*, añadiendo un campo calculado para el importe de la línea de pedido, con la siguiente instrucción:

```
SELECT RefPed, A.CodArt, DesArt, PVPArt, CantArt, PVPArt *
CantArt ImpLin
FROM pedidos.Articulo A JOIN pedidos.LineaPedido L ON A.CodArt =
L.CodArt;
```

Pues bien, vamos a generar con esta vista un informe en el que se agrupen datos por pedido, apareciendo los datos ordenados por referencia de pedido y código de artículo. Deseamos mostrar por cada pedido los artículos solicitados en el mismo, indicando el código del artículo, su descripción, el número de unidades solicitadas y el importe de la línea de pedido. Además, queremos que por cada pedido se indique el número total de unidades de artículos solicitadas en el mismo y el importe total del pedido, que se obtendrá sumando los importes de todas sus líneas de pedido.

Vamos a generar para ello un nuevo informe titulado *Articulos solicitados*. Después de elegir la opción *Standard Report*, en la siguiente pantalla, como la de la Figura 1.78, elegimos la opción *Custom Query*. En la siguiente pantalla (Figura 1.87) debemos escribir la consulta.

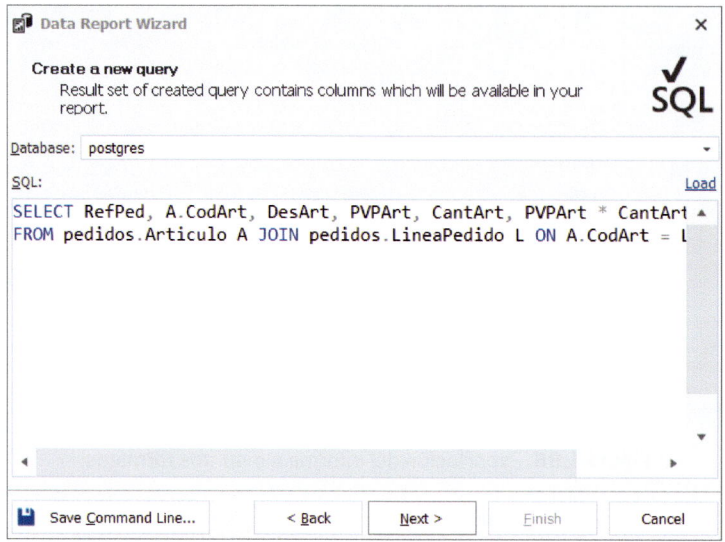

Figura 1.87. Indicación de la consulta para generar el informe.

A continuación, se seleccionan todos los atributos de la consulta y en la siguiente pantalla (Figura 1.88) debemos indicar que se agrupen los datos por el atributo *RefPed*.

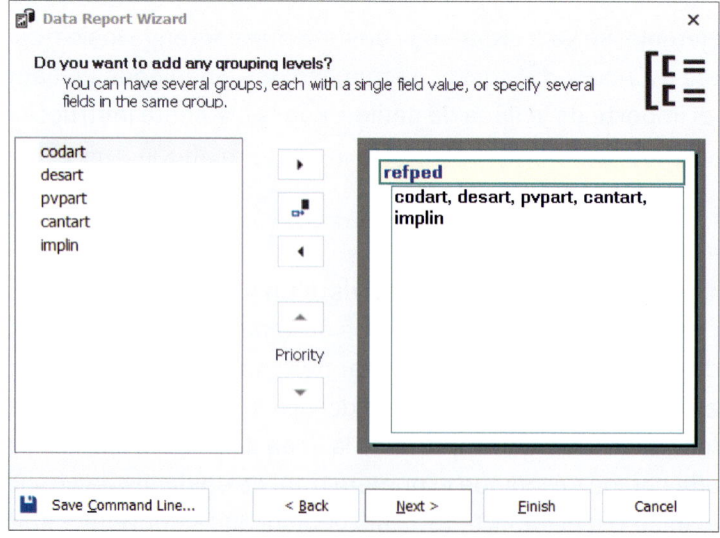

Figura 1.88. Agrupación de datos para el informe *Articulos solicitados*.

Tras hacer clic en el botón *Next*, en la siguiente pantalla se deben indicar los atributos para los que se desean calcular valores de resumen. En este caso, se va a indicar que se sumen por cada pedido los valores del atributo *CantArt* (función *sum*) para calcular el número de unidades de artículos solicitadas, y que se sumen también los valores del atributo *ImpLin* para poder calcular el importe total del pedido como suma de los importes de sus líneas de pedido (Figura 1.89).

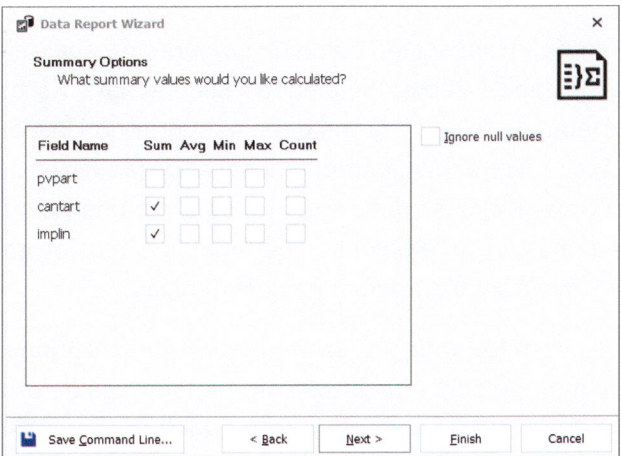

Figura 1.89. Indicación de valores de resumen para informe *Articulos solicitados*.

En la siguiente pantalla se debe elegir cómo queremos que se muestre la información y la orientación de las páginas. Finalmente, elegimos el estilo del informe y le asignamos el título *Articulos solicitados.* Podemos cambiar en vista diseño lo que deseemos y obtenemos un resultado similar al siguiente (Figura 1.90):

Artículos solicitados

Referencia del pedido	Código del artículo	Descripción del artículo	Precio	Unidades	Importe de la línea
P0001					
	A0043	Bolígrafo azul	0,78€	10	7,80€
	A0078	Bolígrafo rojo normal	1,05€	12	12,60€
Sum				22	20,40 €
P0002					
	A0043	Bolígrafo azul	0,78€	5	3,90€
Sum				5	3,90 €
P0003					
	A0075	Lápiz 2B	0,55€	20	11,00€
Sum				20	11,00 €
P0004					
	A0012	Goma de borrar	0,15€	15	2,25€
	A0043	Bolígrafo azul	0,78€	5	3,90€
	A0089	Sacapuntas	0,25€	50	12,50€
Sum				70	18,65 €
Grand Total				117	53,95 €

Figura 1.90. Visualización del informe *Articulos Solicitados*.

1.7. Técnicas de control de la ejecución de transacciones

1.7.1. Transacciones

Cuando se aplica un tratamiento a una base de datos, esta normalmente pasa por unos estados transitorios durante los cuales no se verifican algunas restricciones de integridad. Con el fin de aislar aquellas unidades de tratamiento que respetan la coherencia de la base de datos, se introduce el concepto de transacción.

Se puede definir una transacción como un conjunto de operaciones que forman una única unidad de trabajo. Siguiendo a Silberschatz, Korth y Sudarshan (2002), un sistema de base de datos debe asegurar que la ejecución de las transacciones se realice adecuadamente a pesar de la existencia de fallos, de manera que la transacción se debe ejecutar completamente o no ejecutarse en absoluto. Además, el sistema debe gestionar la ejecución concurrente de las transacciones evitando introducir inconsistencias.

Una transacción está formada por un conjunto de instrucciones escritas en un lenguaje de manipulación de datos o en un lenguaje de programación y está delimitada por instrucciones de la forma «inicio de transacción» y «fin de transacción».

En los sistemas de bases de datos, es normal que se ejecuten varias operaciones de manera simultánea por diversas razones:

- Para aumentar la productividad o número de transacciones ejecutadas por unidad de tiempo.

- Para aumentar la utilización de la CPU.

- Para reducir el tiempo medio de respuesta de las transacciones.

Como indican Silberschatz, Korth y Sudarshan (2002), para asegurar la integridad de los datos se necesita que el sistema de base de datos mantenga las siguientes propiedades de las transacciones: atomicidad (*atomicity*), consistencia (*consistency*), aislamiento (*isolation*) y permanencia o durabilidad (*durability*). Estas propiedades frecuentemente reciben el nombre de propiedades ACID por la primera letra de cada una de las propiedades en inglés.

Para analizar estas propiedades, supongamos (Silberschatz, Korth y Sudarshan, 2002) una transacción para transferir 100 € desde la cuenta C1 a la cuenta C2. Esta transacción se puede escribir de la siguiente forma:

```
leer (C1);
C1 ← C1 − 100;
escribir (C1);
leer (C2);
C2 ← C2 + 100;
escribir (C2);
```

Figura 1.91. Transacción.

Se analizan a continuación las propiedades ACID de las transacciones aplicadas a esta transacción:

- Atomicidad: una transacción es atómica si todas las operaciones de la transacción se realizan adecuadamente en la base de datos o no se realiza ninguna de ellas.

  Aplicado al ejemplo enunciado anteriormente, si suponemos que los saldos de las cuentas C1 y C2 son 500 y 1000 €, respectivamente, tras la ejecución de la transacción los saldos deberían ser de 400 y 1100 €, respectivamente. Si la transacción no fuese atómica y se interrumpiese como consecuencia de fallos de *hardware* o *software*, después de la instrucción escribir (C1), los valores de las cuentas serían de 400 € para C1 y 1000 € para C2. De esta manera, se habrían perdido 100 € de la cuenta C1 y la suma de los saldos de las cuentas C1 y C2 se habría alterado, por lo que la base de datos no reflejaría de una manera adecuada la realidad que pretende modelar y se encontraría en un estado inconsistente, lo que no se puede permitir.

- Consistencia: la ejecución aislada de una transacción, es decir, sin otra transacción que se ejecute concurrentemente, conserva la consistencia de la base de datos.

  Aplicado al ejemplo, el requisito de consistencia se basa en que la suma de los saldos de C1 y C2 no sea modificada como consecuencia de la transacción. Sin este requisito podría crearse o destruirse dinero, es decir, decrementar el saldo de C1 sin incrementar el de C2, o bien incrementar el de C2 sin decrementar el de C1.

- Aislamiento: la propiedad de aislamiento consiste en que, aunque se ejecuten varias transacciones concurrentemente, el sistema garantiza que cada transacción ignora el resto de transacciones.

  Si dos transacciones entrelazan sus operaciones de una manera no deseada, pueden llevar a un estado inconsistente de la base de datos aun cuando se cumplan las propiedades de consistencia y atomicidad. Aplicado al ejemplo, la base de datos se encuentra en un estado inconsistente en la transacción de la Figura 1.91 después de la operación C2 ← C2 + 100, cuando no se ha modificado aún el importe de la cuenta C2 en la base de datos. Si otra transacción que se ejecuta concurrentemente lee los saldos de C1 y C2, obtendrá un valor inconsistente. Además, si esta transacción realiza modificaciones sobre los saldos de C1 y C2 basándose en los valores leídos, la base de datos puede quedar en un estado inconsistente, aunque terminen las dos transacciones.

Una solución a este problema, como indican Silberschatz, Korth y Sudarshan (2002), es ejecutar las transacciones secuencialmente, una tras otra, en lugar de hacerlo concurrentemente. Además, ejecutar transacciones concurrentemente aporta unas mejoras considerables en el rendimiento.

La propiedad de aislamiento asegura que el resultado de ejecutar transacciones concurrentemente es el mismo que si se ejecutan secuencialmente. La parte del sistema de bases de datos que se encarga de asegurar la propiedad de aislamiento de las transacciones es el componente de control de concurrencia.

- Permanencia o durabilidad: la durabilidad hace referencia a que, tras la ejecución con éxito de una transacción, los cambios realizados en la base de datos permanecen, aunque haya fallos en el sistema.

1.7.2. *Commit, rollback* y *autocommit*

El lenguaje SQL incorpora instrucciones destinadas a indicar el comienzo y el fin de cada transacción. Así, en PostgreSQL se inicia una transacción cuando el usuario se conecta al sistema, cuando finaliza otra transacción o cuando se usa alguna de las dos siguientes instrucciones:

```
BEGIN [WORK | TRANSACTION];
START TRANSACTION;
```

Por otro lado, una transacción finaliza con una de las tres instrucciones SQL siguientes:

```
COMMIT [WORK | TRANSACTION];
ROLLBACK [WORK | TRANSACTION];
END [WORK | TRANSACTION];
```

La orden COMMIT hace que todas las modificaciones efectuadas sobre la base de datos desde el inicio de la transacción sean parte permanente de la base de datos y libera los recursos ocupados por la transacción. La orden END es equivalente a COMMIT, es decir, tiene el mismo efecto.

La orden ROLLBACK provoca que la transacción actual aborte, es decir, revierte la transacción desde el inicio.

Cuando realizamos operaciones de actualización sobre la base de datos, es decir, cuando llevamos a cabo inserciones, borrados o modificaciones, las operaciones se aplicarán automáticamente sobre la base de datos o no dependiendo de si el sistema está o no en modo *autocommit*. Si el modo *autocommit* está activado (si *autocommit* toma el valor *on*), toda operación de actualización sobre la base de datos se confirma automáticamente y, por tanto, no habrá opción de abortarlas. Para conocer si el modo *autocommit* está activado, podemos emplear la siguiente instrucción en *psql*:

```
postgres=# \echo :AUTOCOMMIT
on
```

Por defecto el modo *autocommit* está activado, como podemos observar. Se puede desactivar este modo con la siguiente instrucción:

```
\set AUTOCOMMIT OFF
```

Para validar los cambios que hayamos efectuado sobre la base de datos si no está activado el modo *autocommit*, es necesario escribir una orden COMMIT:

Por otro lado, la orden ROLLBACK aborta la transacción actual, volviendo la base de datos al estado en el que se encontraba tras la última transacción.

Para probar el funcionamiento de las órdenes ROLLBACK y COMMIT, se pueden realizar las siguientes operaciones: abramos dos sesiones en PostgreSQL y establezcamos en ambas el esquema *empresa* al principio del camino de búsqueda de esquemas escribiendo:

```
postgres=> SET SEARCH _ PATH TO empresa;
SET
```

Escribamos en una de las sesiones la siguiente orden:

```
postgres=# CREATE TABLE Departamento2 as SELECT * FROM Departamento;
SELECT 3
```

A continuación, añadimos una nueva fila a la tabla *Departamento2* desde la misma sesión:

```
postgres=# INSERT INTO Departamento2 VALUES (5, 'Prueba', 'Ciudad de
prueba');
INSERT 0 1
```

Si consultamos desde la segunda sesión el contenido de la tabla *Departamento2,* aparecerá esta nueva fila debido a que por defecto en PostgreSQL está activado el modo *autocommit* y no lo hemos desactivado.

Ahora desactivemos el modo *autocommit* en la primera sesión escribiendo:

```
postgres=# \set AUTOCOMMIT OFF
```

Ahora añadamos desde esta primera sesión una nueva fila a la tabla *Departamento2*.

```
postgres=# INSERT INTO Departamento2 VALUES (6, 'Prueba2', 'Ciudad
prueba 2');
INSERT 0 1
```

Si consultamos el contenido de la tabla *Departamento2* desde la segunda sesión, no aparecerá el departamento con número 6 debido a que el modo *autocommit* está desactivado y no hemos confirmado la inserción sobre la tabla *Departamento2*.

Si ahora ejecutamos la orden COMMIT desde la primera sesión y a continuación consultamos el contenido de la tabla *Departamento2* desde la segunda sesión, veremos que la nueva fila aparece ya en la tabla *Departamento2*.

1.8. Optimización de consultas

1.8.1. Procesamiento y optimización de consultas

Siguiendo a Silberschatz, Korth y Sudarshan (2002), «el procesamiento hace referencia a la serie de actividades implicadas en la extracción de datos de una base de datos. Estas actividades incluyen la traducción de consultas expresadas en lenguajes de bases de datos de alto nivel en expresiones implementadas en el nivel físico del sistema, así como transformaciones de optimización de consultas y la evaluación real de las mismas».

Por tanto, el procesamiento de consultas se refiere a la manera en que interpreta y ejecuta el sistema una consulta escrita en un lenguaje de manipulación de datos. Para ello, una de las tareas que se lleva a cabo es la optimización de la consulta. Silberschatz, Korth y Sudarshan (2002) definen la optimización de consultas como «el proceso de selección del plan de evaluación de las consultas más eficiente de entre las muchas estrategias generalmente disponibles para el procesamiento de una consulta dada, especialmente si la consulta es compleja».

En esta sección se analizará, en primer lugar, el procesamiento de consultas, viendo las tareas que conlleva y más tarde se estudiará la optimización de consultas.

1.8.2. Procesamiento de una consulta

Para que el SGBD dé respuesta a una consulta la debe procesar, en primer lugar; a continuación, optimizarla y, finalmente, ejecutarla.

Las tareas del procesamiento de una consulta, en la línea de lo que indican Elmasri y Navathe (2007), son las siguientes:

- Análisis léxico, consistente en identificar los elementos del lenguaje presentes en el texto de la consulta, como palabras reservadas de SQL, nombres de atributos, nombres de tablas, etc.

- Análisis sintáctico, consistente en comprobar si la consulta ha sido formulada de acuerdo con las reglas de sintaxis del lenguaje de consultas.

- Validación, que consiste en comprobar que todos los nombres de atributos y de tablas son válidos y tienen sentido dentro del esquema de la base de datos sobre la que se ha construido la consulta.

- Crear una representación interna de la consulta, normalmente basada en el álgebra relacional, dando lugar a lo que se denomina árbol de consultas.

Como indican Silberschatz, Korth y Sudarshan (2002), dada una consulta, hay varios métodos distintos para obtener la respuesta. Así, cada consulta en SQL se puede traducir en varias expresiones distintas del álgebra relacional. La representación de una consulta en el álgebra relacional especifica de manera parcial cómo evaluar la consulta. Si, por ejemplo, se considera la consulta:

```
SELECT PVPArt
FROM Articulo
WHERE PVPArt > 0.75;
```

Esta consulta se puede traducir en cualquiera de las siguientes expresiones del álgebra relacional:

$$\pi_{PVPArt} \left(\sigma_{PVPArt > 0.75} \left(Articulo \right) \right)$$

$$\sigma_{PVPArt > 0.75} \left(\pi_{PVPArt} \left(Articulo \right) \right)$$

Además, como indican Silberschatz, Korth y Sudarshan (2002), se puede ejecutar cada operación del álgebra relacional empleando distintos algoritmos. En el ejemplo, se podría examinar cada fila de la tabla *Articulo* para encontrar los artículos con precio inferior a 0,75 €, o bien, se podría usar un índice sobre el atributo *PVPArt* para realizar la búsqueda.

Siguiendo a Silberschatz, Korth y Sudarshan (2002), para especificar completamente cómo evaluar una consulta no es suficiente proporcionar la expresión del álgebra relacional, sino que además hay que anotar en ella instrucciones que especifiquen cómo evaluar cada operación. Estas anotaciones pueden consistir en el algoritmo que se debe emplear para una operación específica o bien el índice o índices concretos que se deben utilizar. La inclusión de estas anotaciones en la expresión del álgebra relacional da lugar a lo que se llama plan de ejecución o evaluación de la consulta. En la Figura 1.92 se muestra un plan de evaluación para la consulta anterior, en el que se especifica un índice llamado índicePVP para la operación de selección.

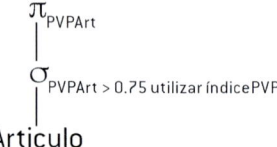

Figura 1.92. Plan de ejecución de una consulta.

Para una consulta pueden establecerse varios planes de ejecución y, como indican Silberschatz, Korth y Sudarshan (2002), cada plan puede tener un coste diferente. No es esperable que los usuarios escriban las consultas sugiriendo el plan de evaluación más eficiente, sino que es labor del sistema construir el plan de ejecución que minimice el coste de evaluación de la consulta. Este tema está relacionado con la optimización de consultas y se trata en el Apartado 1.8.3.

Una vez seleccionado un plan de ejecución para la consulta, el motor de ejecución de consultas lo ejecuta y devuelve el resultado.

1.8.3. Tipos de optimización de consultas

Silberschatz, Korth y Sudarshan (2002) definen la optimización de consultas como «el proceso de selección del plan de evaluación de las consultas más eficiente de entre las muchas estrategias generalmente disponibles para el procesamiento de una consulta dada, especialmente si la consulta es compleja». Se espera que el sistema cree un plan de evaluación de las consultas que minimice el coste de evaluación de las mismas.

Silberschatz, Korth y Sudarshan (2002) hacen referencia a dos aspectos relacionados con la optimización de consultas, a saber:

* En el nivel del álgebra relacional, el sistema intentará hallar una expresión que sea equivalente a la expresión dada, pero más eficiente.

* La elección de una estrategia detallada para el procesamiento de la consulta, como la selección del algoritmo que se utilizará para ejecutar una operación y la selección de los índices concretos que se van a emplear.

Como indican Silberschatz, Korth y Sudarshan (2002), «la diferencia en coste (en términos de tiempo de evaluación) entre una estrategia buena y otra mala suele ser sustancial. Por tanto, merece la pena que el sistema pase una cantidad importante de tiempo en la selección de una buena estrategia para el procesamiento de la consulta, aunque esa consulta solo se ejecute una vez».

Consideremos la expresión del álgebra relacional para la consulta siguiente: «Hallar las descripciones de los artículos solicitados en pedidos realizados después del 24 de febrero de 2024»:

$$\pi_{DesArt} \left(\sigma_{FecPed > \text{'2024-02-24'}} \left(\text{Pedido} \bowtie \left(\text{Artículo} \bowtie \text{LineaPedido} \right) \right) \right)$$

Esta expresión se muestra en el siguiente árbol:

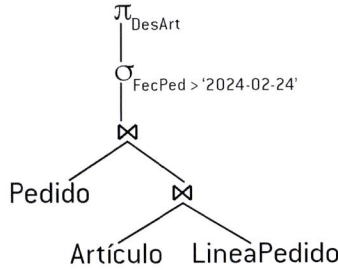

Figura 1.93. Árbol inicial de la expresión.

En esta expresión se crea una relación intermedia Pedido ⋈ Artículo ⋈ Linea-Pedido de considerable tamaño. Si tenemos en cuenta que los datos almacenados son los mostrados en la Figura 1.94, se creará una relación intermedia de $4 \times 7 \times 5 = 140$ filas.

PEDIDO

RefPed	FecPed
P0001	16/02/2024
P0002	18/02/2024
P0003	23/02/2024
P0004	25/02/2024

LÍNEAPEDIDO

RefPed	CodArt	CantArt
P0001	A0043	10
P0001	A0078	12
P0002	A0043	5
P0003	A0075	20
P0004	A0012	15
P0004	A0043	5
P0004	A0089	50

ARTÍCULO

CodArt	DesArt	PVPArt
A0043	Bolígrafo azul fino	0,78
A0078	Bolígrafo rojo normal	1,05
A0075	Lápiz 2B	0,55
A0012	Goma de borrar	0,15
A0089	Sacapuntas	0,25

Figura 1.94. Contenido del esquema *Pedidos*.

Sin embargo, si consideramos que solo nos interesan las tuplas correspondientes a los pedidos con fecha posterior al 24 de febrero de 2024, se pueden seleccionar solo estos pedidos antes de combinar la tabla *Pedido* con las demás. Al reducir de esta manera el número de tuplas de la relación *Pedido* que nos interesan a solo una, se reduce el tamaño del resultado intermedio, en este caso a la cuarta parte (35 tuplas), porque en la relación *Pedido* hay cuatro tuplas. La consulta de esta forma queda representada por la siguiente expresión del álgebra relacional:

$$\pi_{DesArt} \left(\sigma_{FecPed > '2024-02-24'} (Pedido) \bowtie (Artículo \bowtie LineaPedido) \right)$$

Esta expresión del álgebra relacional es equivalente a la anterior, pero genera relaciones intermedias de menor tamaño. Esta expresión queda representada mediante el siguiente árbol:

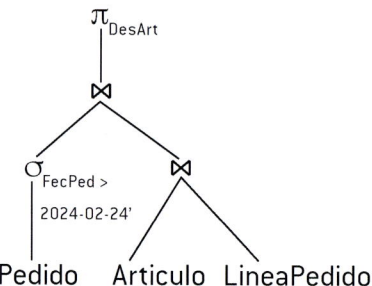

Figura 1.95. Árbol transformado de la expresión.

Como indican Silberschatz, Korth y Sudarshan (2002), «dada una expresión del álgebra relacional, es labor del optimizador de consultas diseñar un plan de evaluación de consultas que calcule el mismo resultado que la expresión dada, y que sea la manera menos costosa de generar ese resultado (o, como mínimo, que no sea mucho más costoso que la manera menos costosa)».

Para seleccionar un plan de evaluación u otro, el optimizador de consultas tiene que estimar el coste de cada plan de evaluación. Como indican Silberschatz, Korth y Sudarshan (2002), «los optimizadores hacen uso de la información estadística sobre las relaciones, como los tamaños de las relaciones y las profundidades de los índices, para realizar una buena estimación del coste de cada plan. El acceso a los discos, que resulta lento en comparación con el acceso a la memoria, suele dominar el coste del procesamiento de las consultas».

Por tanto, el optimizador debe llevar a cabo las siguientes tareas:

- Generar expresiones equivalentes a la expresión dada, mediante una serie de reglas de equivalencia que especifican la manera de transformar una expresión en otra equivalente lógicamente.

- Escoger un plan de evaluación de consultas. Para elegir uno de estos planes se puede seleccionar uno basado en costes (optimización basada en costes) o bien uno basado en reglas (optimización heurística).

La optimización basada en costes, como ya se ha indicado, consiste en estimar el coste de cada plan de evaluación y seleccionar el menos costoso. Como indican Silberschatz, Korth y Sudarshan (2002), «dado que el coste es una estimación, el plan seleccionado no es necesariamente el menos costoso; no obstante, siempre y cuando las estimaciones sean buenas, es probable que el plan sea el menos costoso, o no mucho más costoso».

Por otra parte, la optimización heurística o basada en reglas, emplea una serie de reglas para la transformación de consultas del álgebra relacional. Algunas de estas reglas son las siguientes:

- Realizar las selecciones tan pronto como sea posible, lo que reduce el número de tuplas de los resultados intermedios.

- Realizar las selecciones sobre atributos indexados antes que sobre los no indexados, lo que reduce las operaciones de entrada/salida, con lo que las consultas son más rápidas.

- Realizar las proyecciones tan pronto como sea posible, lo que reduce el número de atributos de las relaciones intermedias.

- Realizar las operaciones de selección y combinación o *join* más restrictivas en primer lugar, lo que reduce el número de tuplas de los resultados intermedios.

- Eliminar proyecciones redundantes, lo que reduce el número de atributos de los resultados intermedios.

- Usar *distinct* solo cuando sea imprescindible. Esto evita tener que comparar resultados intermedios para detectar duplicados y eliminarlos del resultado.

Empleando estas reglas se suele reducir el coste de evaluación del plan seleccionado, por lo que algunos sistemas solo emplean la optimización heurística y no utilizan en absoluto la optimización basada en costes.

1.8.4. Herramientas de la base de datos para la optimización de consultas

Para optimizar consultas es necesario tener en cuenta varios aspectos fundamentales:

- Qué índices hay: si se ha creado más de un índice sobre un mismo atributo, el servidor debe elegir el más adecuado, para lo cual en general se regirá por su cardinalidad o número de registros.

- Cómo se almacenan los índices: los índices son archivos ordenados que contienen registros de la/s columna/s indizada/s junto con la dirección física del registro con los datos de la tabla correspondiente. Si el índice contiene varias columnas, el orden es según las columnas que están más a la izquierda en la definición del índice.

La mejor forma de mejorar el rendimiento de consultas es crear índices sobre los campos más consultados o usados en consultas (campos que aparecen en las cláusulas WHERE, GROUP BY y ORDER BY). Sin embargo, crear demasiados índices también puede suponer un derroche de espacio y puede perjudicar el rendimiento al tener que buscar los índices adecuados en cada consulta y mantenerlos sincronizados con los datos. Como siempre, se deberá buscar una solución de compromiso.

Hay que tener en cuenta que si sobre la tabla para la que se crea/n el/los índice/s se realizan muchas operaciones de inserción, modificación y borrado, los índices se tienen que actualizar cada vez que se lleva a cabo una operación de este tipo, y esta sincronización de los índices puede ser costosa. Por este motivo, es más adecuado crear índices para tablas que se consultan mucho y se actualizan poco que para tablas que se actualizan con mucha frecuencia.

Si una consulta afecta solamente a campos indexados, por ejemplo, los que forman parte de una clave primaria, no es necesario acceder a los datos de la tabla, sino que se puede usar directamente el archivo de índices para obtener el resultado. Por ejemplo, una consulta que devuelva los códigos de todos los artículos del esquema *pedidos* es mucho más rápida si hay un índice sobre el atributo *CodArt* de la tabla *Articulo*, ya que de este modo el servidor no necesita acceder a los datos almacenados en el fichero de datos, sino que simplemente usará el fichero de índices.

Los índices son especialmente importantes en las siguientes operaciones:

- Consultas con cláusula WHERE que contienen columnas indexadas. De este modo, se puede hacer un filtro previo usando únicamente el archivo de índices.

- En combinaciones de tablas cuando exista un índice sobre los campos comunes (clave ajena y correspondiente clave primaria).

- Para encontrar el valor de una función de agregado (*sum*, *avg*, *count*, *max*, *min*) sobre campos indexados sin necesidad de acceder a los registros en disco.

- Para ordenar o agrupar por campos indexados de tablas, siempre que se haga sobre la parte más a la izquierda del índice (o los primeros campos de este).

- Para casos en que solo se requieren columnas indexadas no se precisará acceder a los datos de la tabla.

PostgreSQL genera un plan de ejecución para cada consulta que recibe. Elegir el plan más adecuado es crítico para el rendimiento, por lo que el sistema incluye un complejo planificador que intenta elegir buenos planes de ejecución.

Generación de planes de ejecución

El planificador/optimizador comienza generando planes para el recorrido de cada tabla empleada en la consulta. Se establecen planes posibles en función de los índices disponibles en cada tabla. Siempre es posible realizar un recorrido secuencial de cada tabla, por lo que siempre se crea un plan secuencial. Supongamos que disponemos de un índice *B-tree* definido sobre una tabla y una consulta que contiene la condición *nombre_tabla.nombre_atributo operador constante*. Pues bien, si *nombre_tabla.nombre_atributo* concuerda con la clave del índice *B-tree* y el operador coincide con uno de los convenientes para este tipo de índices, se crea otro plan usando el índice *B-tree*. Si hay más índices posibles, se generan más planes de ejecución. También se generan planes empleando índices si el resultado de la consulta está ordenado de acuerdo con algún índice.

Si la consulta requiere la combinación de dos o más tablas, se generan planes para la combinación de las tablas después de los planes para el recorrido de cada tabla. Hay tres posibles estrategias de combinación:

- *Nested loop join*: se recorre una vez la tabla de la derecha por cada fila de la tabla de la izquierda. Esta estrategia es fácil de implementar, pero puede consumir mucho tiempo. Sin embargo, si se puede recorrer la tabla de la derecha con un *index scan*, puede ser una buena estrategia, ya que se pueden emplear los valores de la fila actual de la tabla de la izquierda como claves para el *index scan* de la tabla de la derecha.

- *Merge join*: antes del comienzo de la combinación se ordena cada tabla en base a los atributos por los que se combinan. Luego se recorren las dos tablas a la vez y las filas coincidentes se combinan para formar las filas del resultado. Este tipo de combinación es conveniente porque solo hay que recorrer una vez cada tabla. Se puede realizar la ordenación mediante un paso de ordenación explícito o recorriendo la tabla en un orden adecuado empleando un índice sobre la clave que une las tablas.

- *Hash join*: primero se recorre la tabla de la derecha y se carga en una tabla *hash*, empleando como claves *hash* los atributos por medio de los que se combina con la otra tabla. A continuación, se recorre la tabla de la izquierda y se usan los valores adecuados de cada fila encontrada como claves *hash* para localizar las filas coincidentes de la tabla.

Uso del comando EXPLAIN

Se puede usar el comando EXPLAIN para ver qué plan crea el planificador para cada consulta.

En primer lugar, vamos a consultar los índices existentes para la tabla *Artículo* y si hay alguno aparte de la clave primaria, lo hemos de eliminar con la correspondiente orden DROP INDEX.

Se muestra a continuación un ejemplo trivial con el fin de ver el resultado del comando EXPLAIN e interpretarlo:

```
postgres=# EXPLAIN SELECT * FROM Articulo;
                         QUERY PLAN
---------------------------------------------------------
 Seq Scan on articulo  (cost=0.00..1.05 rows=5 width=26)
(1 fila)
```

La estructura del plan de ejecución de una consulta es un árbol de nodos. Dado que la consulta no presenta cláusula WHERE, se deben recorrer todas las filas de la tabla, por lo que el planificador ha decidido elegir un plan de recorrido secuencial simple (*Seq scan*) sobre la tabla. Los números que aparecen a continuación entre paréntesis indican:

- El coste estimado de puesta en marcha: tiempo necesario antes de que pueda empezar la fase de salida en la que se muestran los datos.

- El coste total estimado: tiempo necesario para que el plan se ejecute en su totalidad, por ejemplo, para que se recuperen todas las filas de la tabla, como es el caso.

- Número estimado de filas generadas por el plan.

- Ancho estimado de las filas generadas por el plan (en *bytes*).

Los costes se miden en unidades arbitrarias determinadas por el planificador. El coste de un nodo de nivel superior incluye el coste de todos sus nodos secundarios.

Ahora incluyamos una cláusula WHERE en la consulta:

```
postgres=# EXPLAIN SELECT * FROM Articulo WHERE PVPArt < 0.50;
                         QUERY PLAN
---------------------------------------------------------
 Seq Scan on articulo  (cost=0.00..1.06 rows=2 width=26)
   Filter: (pvpart < 0.50)
(2 filas)
```

En este caso la cláusula WHERE se está empleando como un filtro vinculado al recorrido secuencial (*Seq scan*). Esto quiere decir que el SGBD comprueba la condición para cada fila que recorre y muestra solo aquellas que cumplen la condición. El número de filas estimadas se ha reducido por la cláusula WHERE, pero aún se tendrán que recorrer todas las filas de la tabla, por lo que el coste no se ha reducido, sino que se ha incrementado ligeramente para reflejar el tiempo extra necesario para comprobar la condición de la cláusula WHERE.

Para optimizar la consulta podemos crear un índice sobre el atributo *PVPArt*. Para ello emplearemos la siguiente orden:

```
CREATE INDEX IPVPAr t ON Articulo(PVPArt);
```

Tras crear el índice y con el fin de actualizar las estadísticas, ejecutaremos el comando ANALYZE y, a continuación, el comando EXPLAIN sobre la consulta anterior:

```
postgres=# ANALYZE;
ANALYZE
postgres=# EXPLAIN SELECT * FROM Articulo WHERE PVPArt < 0.50;
                        QUERY PLAN
------------------------------------------------------------
 Seq Scan on articulo  (cost=0.00..1.06 rows=2 width=26)
   Filter: (pvpart < 0.50)
(2 filas)
```

Podemos observar cómo el SGBD ha decidido continuar realizando un recorrido secuencial (*Seq scan*) a pesar de que se ha creado el índice sobre el atributo *PVPArt*, lo que viene motivado por el hecho de que hay muy pocas filas en la tabla y no resulta eficiente el empleo del índice.

Probémoslo con el esquema *geografia*, cuya estructura es la siguiente:

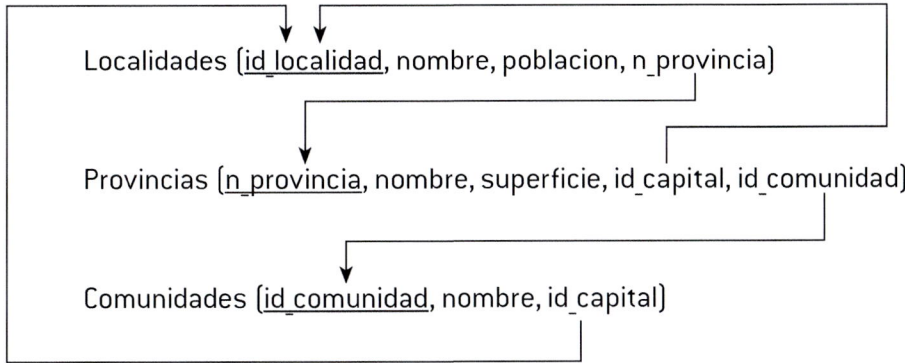

Se sabe que la tabla *Localidades* de este esquema contiene más de 1000 filas. Ejecutemos el comando EXPLAIN para la siguiente consulta:

```
EXPLAIN SELECT nombre, poblacion
FROM Localidades
WHERE poblacion < 20;
                        QUERY PLAN
------------------------------------------------------------
 Seq Scan on localidades  (cost=0.00..21.99 rows=5 width=15)
   Filter: (poblacion < 20)
(2 filas)
```

Se realiza un recorrido secuencial fila a fila para obtener los datos solicitados de las localidades que cumplen la condición de la cláusula WHERE. Dado que en la cláusula WHERE se incluye una condición que afecta al atributo *poblacion*, creemos un índice para este atributo, ejecutemos a continuación el comando ANALYZE y volvamos a ejecutar el comando EXPLAIN para la consulta:

```
postgres=# CREATE INDEX IPoblacion ON Localidades(poblacion);
CREATE INDEX
postgres=# ANALYZE;
ANALYZE
postgres=# EXPLAIN SELECT nombre, poblacion
postgres-# FROM Localidades
postgres-# WHERE poblacion < 20;
                        QUERY PLAN
------------------------------------------------------------
 Bitmap Heap Scan on localidades  (cost=4.32..11.89 rows=5 width=15)
   Recheck Cond: (poblacion < 20)
   -> Bitmap Index Scan on ipoblacion  (cost=0.00..4.31 rows=5 width=0)
       Index Cond: (poblacion < 20)
(4 filas)
```

En este caso, el planificador ha seleccionado un plan de ejecución que consta de dos pasos:

- En primer lugar (plan inferior), se usa un índice (*bitmap index scan*) para encontrar las filas que cumplen la condición de la cláusula WHERE que afecta al atributo indexado (*poblacion*).

- En segundo lugar, se recuperan esas filas de la tabla.

Se puede observar que, gracias al empleo del índice, el coste total de la consulta se ha reducido considerablemente, de 21,99 a 11,89, casi una reducción del 50 %.

En algunas consultas se usa la cláusula ORDER BY para ordenar el resultado de estas. El proceso de ordenación es costoso y conviene evitarlo en la medida de lo posible. Eliminemos el índice *IPoblacion* creado antes y probemos el comando EXPLAIN sobre la siguiente consulta, en la cual se ordena por población:

```
postgres=# DROP INDEX IPoblacion;
DROP INDEX
postgres=# ANALYZE;
ANALYZE
postgres=# EXPLAIN SELECT nombre, poblacion
postgres-# FROM Localidades
postgres-# WHERE poblacion < 100
postgres-# ORDER BY poblacion;
                        QUERY PLAN
-----------------------------------------------------------------
 Sort  (cost=23.33..23.45 rows=48 width=15)
   Sort Key: poblacion
   ->  Seq Scan on localidades  (cost=0.00..21.99 rows=48 width=15)
         Filter: (poblacion < 100)
(4 filas)
```

En este caso, el planificador ha seleccionado un plan de ejecución que consta de dos pasos:

- En primer lugar (plan inferior), se realiza un recorrido secuencial (*Seq scan*) para encontrar las filas que cumplen la condición de la cláusula WHERE y se recuperan esas filas.

- En segundo lugar, se procede a la ordenación.

Ahora volvamos a crear el índice *IPoblacion* para ver qué efecto tiene sobre la consulta:

```
postgres=# CREATE INDEX IPoblacion on Localidades(poblacion);
CREATE INDEX
postgres=# ANALYZE;
ANALYZE
postgres=# EXPLAIN SELECT nombre, poblacion
postgres-# FROM Localidades
postgres-# WHERE poblacion < 100
postgres-# ORDER BY poblacion;
                        QUERY PLAN
-----------------------------------------------------------------
 Sort  (cost=14.59..14.71 rows=48 width=15)
   Sort Key: poblacion
   ->  Bitmap Heap Scan on localidades  (cost=4.65..13.25 rows=48
width=15)
         Recheck Cond: (poblacion < 100)
         ->  Bitmap Index Scan on ipoblacion  (cost=0.00..4.64 rows=48
width=0)
               Index Cond: (poblacion < 100)
(6 filas)
```

En este caso, el planificador ha seleccionado un plan de ejecución que consta de tres pasos:

- En primer lugar (plan inferior), se usa un índice (*bitmap index scan*) para encontrar las filas que cumplen la condición de la cláusula WHERE que afecta al atributo indexado (*poblacion*).

- En segundo lugar, se recuperan esas filas de la tabla.

- Finalmente, se lleva a cabo la ordenación.

Observamos que el coste total de la consulta ha disminuido de manera muy relevante (de 23,45 a 14,71), un 37 %, gracias a la creación del índice, y esta reducción del coste se ha debido a que la búsqueda y recuperación de las filas que cumplen la condición de la cláusula WHERE ha tenido un coste mucho menor.

En algunos casos puede ser interesante crear índices multicolumna. Si se crea un índice multicolumna con la siguiente orden SQL:

```
CREATE INDEX IMultcolumna
ON nombre_tabla (a, b c,);
```

El optimizador de PostgreSQL considerará utilizar el índice en consultas sobre la tabla *nombre_tabla* con las siguientes cláusulas WHERE:

```
WHERE a = valor₁ and b = valor₂ and c = valor₃
WHERE a = valor₁ and b = valor₂
WHERE a = valor₁
```

Sin embargo, no contemplará utilizarlo en los siguientes casos:

```
WHERE b = valor₂
WHERE c = valor₃
WHERE b = valor₂ and c = valor₃
```

De esto se deduce que el orden de especificación de los atributos en un índice multicolumna es muy relevante.

Veamos un ejemplo de optimización de una consulta multitabla sobre la base de datos *Geografia*, pero, antes de nada, eliminemos los índices creados sobre las tablas *Localidades* y *Provincias* si es que disponemos de alguno que se pueda eliminar. Debe tenerse en cuenta que los índices para los atributos clave primaria y alternativa no pueden ser eliminados. Consideremos la siguiente consulta: mostrar para las localidades con más de 200 000 habitantes, el nombre de la localidad, su población o número de habitantes y el nombre de la provincia a la que pertenece. Veamos cómo la procesa PostgreSQL:

```
postgres=# EXPLAIN SELECT L.nombre, poblacion, P.nombre
postgres-# FROM Localidades L JOIN Provincias P on L.n _ provincia =
P.n _ provincia
postgres-# where poblacion > 200000;
                        QUERY PLAN
-----------------------------------------------------------------
 Hash Join  (cost=1.23..23.23 rows=5 width=23)
   Hash Cond: (l.n _ provincia = p.n _ provincia)
    -> Seq Scan on localidades l  (cost=0.00..21.99 rows=5 width=19)
       Filter: (poblacion > 200000)
    -> Hash  (cost=1.10..1.10 rows=10 width=12)
          -> Seq Scan on provincias p  (cost=0.00..1.10 rows=10
width=12)
(6 filas)
```

En este caso, el optimizador ha decidido utilizar una combinación de tipo *hash join* en la que las filas de la tabla *Provincias* se han cargado en una tabla *hash* después de realizar un recorrido secuencia sobre ella (*Seq Scan*). Luego se han recorrido secuencialmente las filas de la tabla *Localicades* y se ha usado el atributo *n_provincia* como clave *hash* para localizar las filas correspondientes de la tabla *Provincias*.

Vamos a intentar optimizar esta consulta creando un índice sobre el atributo *poblacion*, que es el que aparece en la cláusula WHERE y veamos el nuevo plan de ejecución:

```
postgres=# CREATE INDEX IPoblacion on Localidades(poblacion);
CREATE INDEX
postgres=# ANALYZE;
ANALYZE
postgres=# EXPLAIN SELECT L.nombre, poblacion, P.nombre
postgres-# FROM Localidades L JOIN Provincias P on L.n _ provincia =
P.n _ provincia
postgres-# where poblacion > 200000;
                        QUERY PLAN
-----------------------------------------------------------------
 Hash Join  (cost=5.54..13.13 rows=5 width=23)
   Hash Cond: (l.n _ provincia = p.n _ provincia)
    -> Bitmap Heap Scan on localidades l  (cost=4.32..11.89 rows=5
width=19)
       Recheck Cond: (poblacion > 200000)
        -> Bitmap Index Scan on ipoblacion  (cost=0.00..4.31 rows=5
width=0)
            Index Cond: (poblacion > 200000)
    -> Hash  (cost=1.10..1.10 rows=10 width=12)
       -> Seq Scan on provincias p  (cost=0.00..1.10 rows=10 width=12)
(8 filas)
```

El optimizador ha seguido usando una combinación de tipo *hash join*, pero se ha empleado el índice *IPoblacion* para acceder de manera rápida a las filas de la tabla *Localidades* que cumplen la condición especificada en la cláusula WHERE. Podemos observar que el coste de la consulta se ha visto reducido alrededor de un 43 %, desde 23,23 hasta 13,13.

Ejercicios resueltos

Entornos de desarrollo

1. Instala la última versión del entorno de desarrollo Apache NetBeans en tu equipo. Investiga cómo es posible añadir nuevos módulos o *plugins* en este entorno de desarrollo.

   Accedemos a la web https://netbeans.apache.org/front/main/download/. En esta página en la parte superior derecha nos aparece un enlace con el texto *Download* para efectuar la descarga de la última versión disponible actualmente (agosto de 2024), que es NetBeans Apache NetBeans 22. Haremos clic en el botón *Download* que se muestra en la Figura 1:

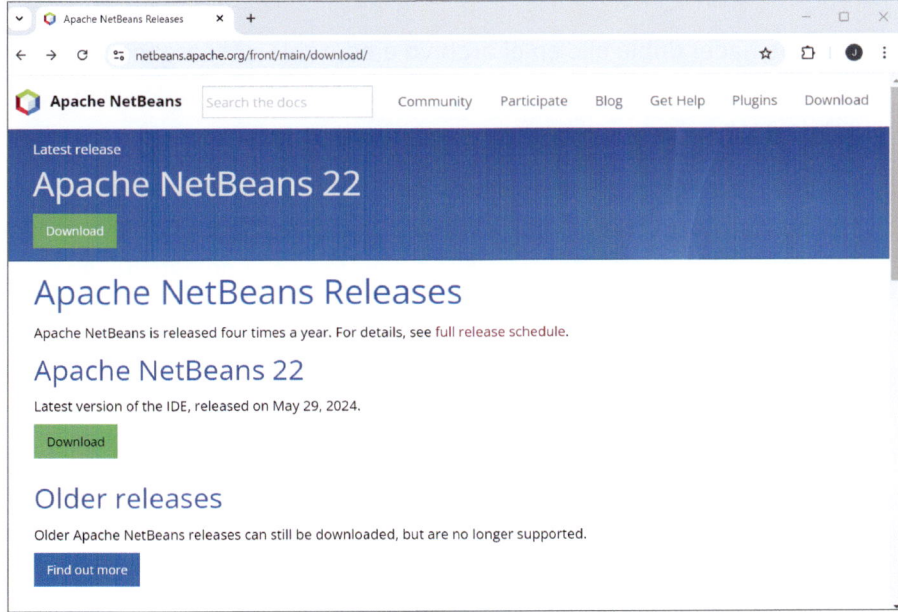

Figura 1. Página web para descarga de Apache NetBeans.

En la siguiente pantalla nos aparecen las diferentes opciones de instalación del IDE Apache NetBeans 22. Se debe seleccionar la necesaria en función del sistema operativo. A modo de ejemplo, se va a elegir el instalador para Windows: Apache-NetBeans-22-bin-windows-x64.exe (SHA-512, PGP ASC).

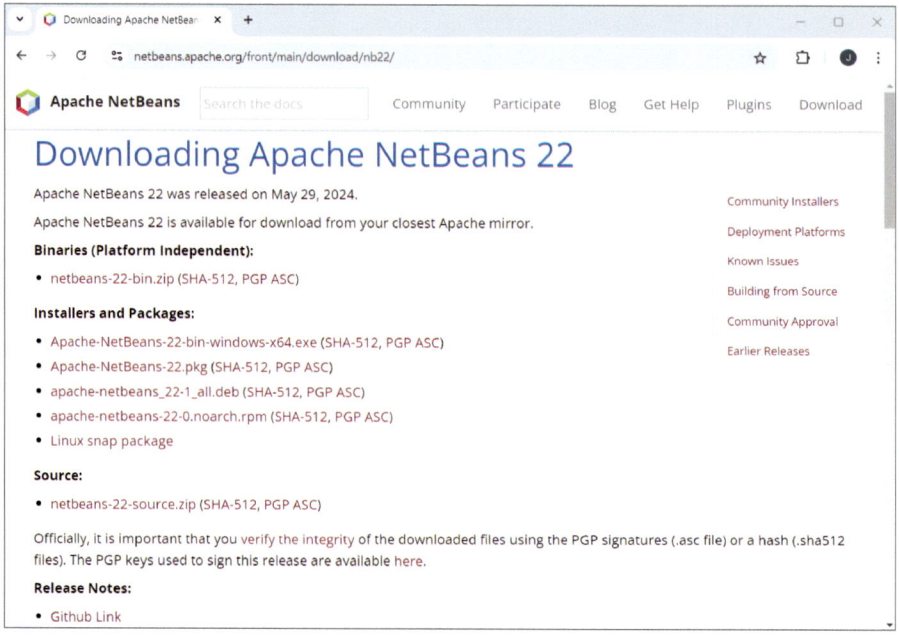

Figura 2. Página web para descarga de la versión deseada del IDE Apache NetBeans.

Se debe hacer doble clic en el archivo ejecutable descargado para proceder a la instalación, para la que se pueden seleccionar todas las opciones por defecto.

Luego lanzamos el IDE por primera vez. Como en otros casos, para crear una aplicación, lo primero que habrá que hacer es crear un nuevo proyecto por medio de la opción de menú *File – New Project*. Con este IDE se pueden crear programas en Java, C y PHP.

Para añadir nuevos módulos o *plugins* en NetBeans, hay que acceder a la opción de menú *Tools – Plugins*. Al hacer clic en la pestaña *Available Plugins*, se pueden ver todos los *plugins* disponibles para su instalación. Para instalar cualquiera de ellos, solo es necesario hacer clic en la casilla de verificación correspondiente y hacer clic en el botón *Install*. Por ejemplo, se puede seleccionar el *plugin* con nombre Python para su instalación, de manera que, tras su instalación, se podrán crear aplicaciones en Python, además de en Java, C y PHP.

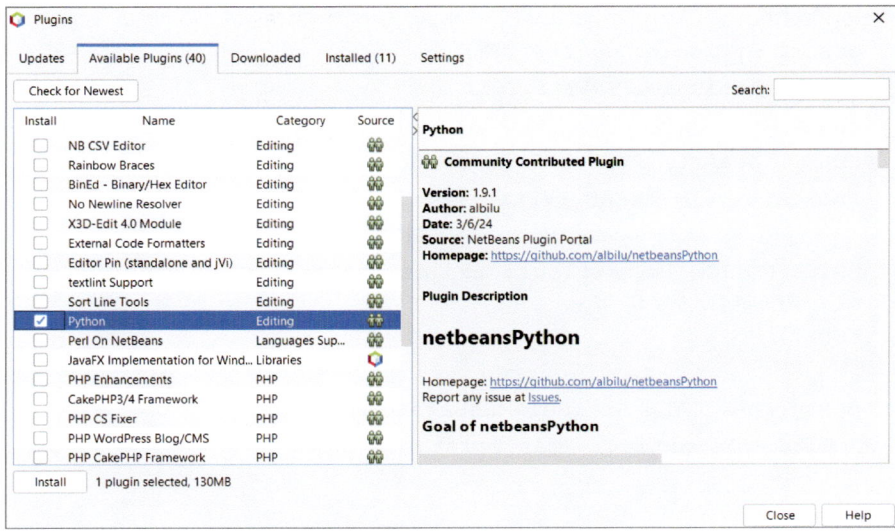

Figura 3. Búsqueda de un *plugin* disponible.

La sintaxis del lenguaje de programación

1. Crea un procedimiento que añada un nuevo pedido a la tabla *Pedido* con datos pasados como parámetro. Por tanto, este procedimiento recibirá como parámetros la referencia del pedido y la fecha. Muestra al final un mensaje que indique que la inserción se ha realizado.

```
CREATE OR REPLACE PROCEDURE InsertarPedido (refe Pedido.
RefPed%TYPE, fec date)
LANGUAGE plpgsql
AS $$
BEGIN
INSERT INTO Pedido VALUES (refe, fec);
RAISE NOTICE 'Se ha añadido un pedido con referencia % y
fecha %.', refe, fec;
END $$;

postgres=# CALL InsertarPedido ('P0007', CURRENT _ DATE);
NOTICE:  Se ha añadido un pedido con referencia P0007 y fecha
2024-08-14.
CALL
```

2. Escribe un procedimiento que muestre en pantalla la descripción y el precio del artículo más barato de la base de datos.

```
CREATE OR REPLACE PROCEDURE ArticuloMasBarato ()
LANGUAGE plpgsql
AS $$
```

```
DECLARE
descri Articulo.DesArt%TYPE;
precio Articulo.PVPArt%TYPE;
BEGIN
SELECT DesArt, PVPArt INTO descri, precio
FROM Articulo WHERE PVPArt = (SELECT MIN(PVPArt)
                              FROM Articulo);
RAISE NOTICE 'El artículo más barato es % y su precio es %
€.', descri, precio;
END $$;


postgres=# CALL ArticuloMasBarato();
NOTICE:  El artículo más barato es Goma de borrar y su precio
es 0.15 €.
CALL
```

3. Crea un procedimiento que reciba la referencia de un pedido y muestre en pantalla dicha referencia y la fecha del pedido y se encargue de eliminarlo de la base de datos. Debe mostrase un mensaje informando del borrado.

```
CREATE OR REPLACE PROCEDURE EliminarPedido(refe Pedido.
RefPed%TYPE)
LANGUAGE plpgsql
AS $$
DECLARE
fecha Pedido.FecPed%TYPE;
BEGIN
SELECT FecPed INTO fecha
FROM Pedido WHERE RefPed = refe;
RAISE NOTICE 'Referencia del pedido: %. Fecha %.', refe, fecha;
DELETE FROM Pedido WHERE RefPed = refe;
RAISE NOTICE 'Se ha eliminado el pedido con referencia %.', refe;
END $$;


postgres=# CALL EliminarPedido ('P0007');
NOTICE:  Referencia del pedido: P0007. Fecha 2024-08-14.
NOTICE:  Se ha eliminado el pedido con referencia P0007.
CALL
```

4. Crea una función que devuelva la descripción del artículo más caro de la base de datos.

```
CREATE OR REPLACE FUNCTION ArticuloMasCaro () RETURNS
Articulo.DesArt%TYPE
```

```
LANGUAGE plpgsql
AS $$
DECLARE
descri Articulo.DesArt%TYPE;
BEGIN
SELECT DesArt INTO descri
FROM Articulo WHERE PVPArt = (SELECT MAX(PVPArt) FROM
Articulo);
RETURN descri;
END $$;

postgres=# SELECT ArticuloMasCaro() "Artículo más caro";
   Artículo más caro
----------------------
 Bolígrafo rojo normal
(1 fila)
```

5. Crea un procedimiento que reciba el código de un artículo y un número entero positivo o negativo. El procedimiento debe modificar el precio del artículo según el porcentaje pasado como parámetro y mostrar el precio del artículo antes y después de la modificación.

```
CREATE OR REPLACE PROCEDURE CambiarPrecio (cod Articulo.
CodArt%TYPE, porcen int)
LANGUAGE plpgsql
AS $$
DECLARE
precioAntiguo Articulo.PVPArt%TYPE;
precioNuevo Articulo.PVPArt%TYPE;
BEGIN
SELECT PVPArt INTO precioAntiguo FROM Articulo
WHERE CodArt = cod;
RAISE NOTICE 'Precio anterior: % €.', precioAntiguo;
precioNuevo := ROUND (precioAntiguo + precioAntiguo * porcen
/ 100, 2);
UPDATE Articulo SET PVPArt = precioNuevo
WHERE CodArt = cod;
RAISE NOTICE 'Precio nuevo: % €.', precioNuevo;
END $$;

postgres=# CALL CambiarPrecio ('A0078', 5);
NOTICE:  Precio anterior: 1.05 €.
NOTICE:  Precio nuevo: 1.10 €.
CALL
```

6. Crea una función que reciba un número entero como parámetro y que devuelva su factorial si el número recibido como parámetro es mayor o igual que 1. Si el número recibido como parámetro es menor que 1, deberá devolver el valor -1. El factorial de un número se calcula multiplicando todos los números desde el 1 hasta el número para el cual se desea calcular el factorial. Así, el factorial de 4 se calculará haciendo 1 x 2 x 3 x 4 = 24.

```
CREATE OR REPLACE FUNCTION factorial (num int) RETURNS int
LANGUAGE plpgsql
AS $$
DECLARE
fact bigint := 1;
i int := 1;
BEGIN
IF num < 1 THEN
    RETURN -1;
ELSE
    WHILE i <= num LOOP
        fact := fact * i;
        i := i + 1;
    END LOOP;
    RETURN fact;
END IF;
END $$;

postgres=# SELECT factorial (-2);
 factorial
-----------
        -1
(1 fila)

postgres=# SELECT factorial (5);
 factorial
-----------
       120
(1 fila)
```

Programación de módulos de manipulación de la base de datos: paquetes, procedimientos y funciones

1. Crea un procedimiento que muestre para los tres artículos más caros de la base de datos, su código, descripción, precio y el número de pedidos en que ha sido solicitado.

```
CREATE OR REPLACE PROCEDURE VerArticulosCaros()
LANGUAGE plpgsql
```

```
AS $$
DECLARE
unArticulo RECORD;
cursor _ articulo CURSOR for SELECT A.CodArt, DesArt, PVPArt,
                count(*) NumPed
                FROM Articulo A JOIN LineaPedido
                ON A.CodArt =  L.CodArt
                GROUP BY A.CodArt, DesArt, PVPArt
                ORDER BY PVPArt DESC
                LIMIT 3;
BEGIN
OPEN cursor _ articulo;
FETCH cursor _ articulo INTO unArticulo;
WHILE FOUND LOOP
RAISE NOTICE '% %. Precio: % €. N°pedidos: %.', unarticulo.
CodArt, unArticulo.DesArt, unArticulo. PVPArt, unArticulo.NumPed ;

    FETCH cursor _ articulo INTO unArticulo;
END LOOP;
CLOSE cursor _ articulo;
END $$;

postgres=# CALL VerArticulosCaros();
NOTICE:  A0078 Bolígrafo rojo normal. Precio: 1.10 €. N°pedidos: 1.
NOTICE:  A0043 Bolígrafo azul. Precio: 0.78 €. N°pedidos: 3.
NOTICE:  A0075 Lápiz 2B. Precio: 0.55 €. N°pedidos: 2.
CALL
```

2. Crea un procedimiento que reciba un número y que muestre para los pedidos en que se solicite un número de artículos diferente superior o igual al número recibido como parámetro, la referencia del pedido, su fecha, el número de artículos diferente solicitado, el número de unidades de artículos solicitadas en total en el pedido y, por último, el importe del pedido.

```
CREATE OR REPLACE PROCEDURE VerPedidosNArt(nArtMin int)
LANGUAGE plpgsql
AS $$
DECLARE
unPedido RECORD;
cursor _ pedido CURSOR FOR SELECT P.RefPed, FecPed, count(*) NArt,
                SUM(CantArt) NUni, sum(PVPArt * CantArt) ImpPedido
                FROM Pedido P JOIN LineaPedido L ON P.RefPed =
                L.RefPed JOIN Articulo A on L.CodArt = A.CodArt
                GROUP BY P.RefPed, FecPed
                HAVING count(*) >= nArtMin;
BEGIN
OPEN cursor _ pedido;
```

```
FETCH cursor_pedido INTO unPedido;
WHILE FOUND LOOP
    RAISE NOTICE '% Fecha: %. N°artículos: %. N°unidades: %.
                    Importe: % €. ', unPedido.RefPed, unPedido.FecPed,
                    unPedido.NArt, unPedido.NUni, unPedido.ImpPedido;
    FETCH cursor_pedido INTO unPedido;
END LOOP;
CLOSE cursor_pedido;
END $$;


postgres=# CALL VerPedidosNArt (2);
NOTICE:  P0001 Fecha: 2024-02-16. N°artículos: 2. N°unidades: 22.
Importe: 21.00 €.
NOTICE:  P0004 Fecha: 2024-02-25. N°artículos: 3. N°unidades: 70.
Importe: 18.65 €.

CALL
```

3. Crea un procedimiento que muestre para los dos departamentos con más empleados, su nombre, número de empleados y salario medio de estos.

```
CREATE OR REPLACE PROCEDURE DptosMayores()
LANGUAGE plpgsql
AS $$
DECLARE
unDpto RECORD;
cursor_dpto CURSOR FOR SELECT NomDep, COUNT(*) NEmp,
                            ROUND(AVG(Salario), 2) SalMedio
                    FROM Empleado E JOIN Departamento D on
                        E.NumDep = D.NumDep
                    GROUP BY NomDep
                    ORDER BY COUNT(*) DESC
                    LIMIT 2;
BEGIN
OPEN cursor_dpto;
FETCH cursor_dpto INTO unDpto;
WHILE FOUND LOOP
    RAISE NOTICE 'Dpto: %. % empleados. Salario medio: % € ', unDpto.
            NomDep, unDpto.NEmp, unDpto.SalMedio;
    FETCH cursor_dpto INTO unDpto;
END LOOP;
CLOSE cursor_dpto;
END $$;


postgres=# CALL DptosMayores();
```

```
NOTICE:  Dpto: Ventas. 6 empleados. Salario medio: 2008.25 €
NOTICE:  Dpto: Compras. 3 empleados. Salario medio: 3987.27 €
CALL
```

4. Crea un procedimiento que reciba un número de departamento y muestre su nombre y localidad. Si no existe ningún departamento con el número pasado como parámetro, se generará un mensaje de error que informe de tal circunstancia.

```
CREATE OR REPLACE PROCEDURE MostrarDpto (numDpto int)
LANGUAGE plpgsql
AS $$
DECLARE
nombreDpto Departamento.NomDep%TYPE;
localiDpto Departamento.Localidad%TYPE;
BEGIN
SELECT NomDep, Localidad INTO STRICT nombreDpto, localiDpto
FROM Departamento WHERE NumDep = numDpto;
RAISE NOTICE 'El dpto. nº % se llama % y está en %', numDpto,
             nombreDpto, localiDpto;
EXCEPTION
WHEN no_data_found THEN
    RAISE EXCEPTION 'No existe ningún dpto. con el nº%',
             numDpto;
END $$;

postgres=# CALL MostrarDpto (2);
NOTICE:  El dpto. nº2 se llama Recursos humanos y está en Barcelona
CALL
postgres=# CALL MostrarDpto (20);
ERROR:  No existe ningún dpto. con el nº20
CONTEXTO:  función PL/pgSQL mostrardpto(integer) en la línea 11
en RAISE
```

5. Crea un procedimiento que reciba el número de un departamento y se encargue de eliminarlo. En tal caso, se mostrará un mensaje que informe de la eliminación. No obstante, puede ocurrir que no sea posible eliminar el departamento por dos motivos: 1) porque no exista ningún departamento con el número pasado como parámetros, 2) porque no sea posible eliminarlo si hay algún empleado trabajando en él. En cualquiera de estos dos casos, se deberá mostrar un mensaje de error significativo.

```
CREATE OR REPLACE PROCEDURE EliminarDpto (numDpto int)
LANGUAGE plpgsql
```

```
AS $$
DECLARE
num Departamento.NumDep%TYPE;
BEGIN
SELECT NumDep INTO STRICT num
FROM Departamento WHERE NumDep = numDpto;
DELETE FROM Departamento
WHERE NumDep = NumDpto;
RAISE NOTICE 'Se ha eliminado el departamento n°%.', numDpto;
EXCEPTION
WHEN no _ data _ found THEN
    RAISE EXCEPTION 'No existe ningún departamento con n°%',
                numDpto;
WHEN foreign _ key _ violation THEN
    RAISE EXCEPTION 'No es posible eliminar el departamento n°%
                porque tiene empleados', numDpto;
END $$;


postgres=# CALL EliminarDpto (10);
ERROR:  No existe ningún departamento con n°10
CONTEXTO:  función PL/pgSQL eliminardpto(integer) en la línea 12
en RAISE
postgres=# CALL EliminarDpto (2);
ERROR:  No es posible eliminar el departamento n°2 porque tiene
empleados
CONTEXTO:  función PL/pgSQL eliminardpto(integer) en la línea 14
en RAISE
postgres=# CALL EliminarDpto (4);
NOTICE:  Se ha eliminado el departamento n°4.
CALL
```

Herramientas gráficas de desarrollo integradas en la base de datos

1. Crea un sitio web para poder visualizar y modificar todo el contenido del esquema *empresa*. Deben existir dos formularios: uno para la tabla *Departamento* y otro para la tabla *Empleado*, llamados *Departamentos* y *Empleados*, respectivamente. En la Figura 4 se muestra el formulario para la tabla *Departamento*. Se ha modificado la descripción para algunos de los atributos para hacerla más comprensible. Así, por ejemplo, se ha puesto «Número de departamento» en vez de *NumDep*. Así mismo, se ha nombrado a los formularios *Empleados* y *Departamentos* en vez de *Empleado* y *Departamento*, que son los nombres de las tablas, que aparecerían por defecto.

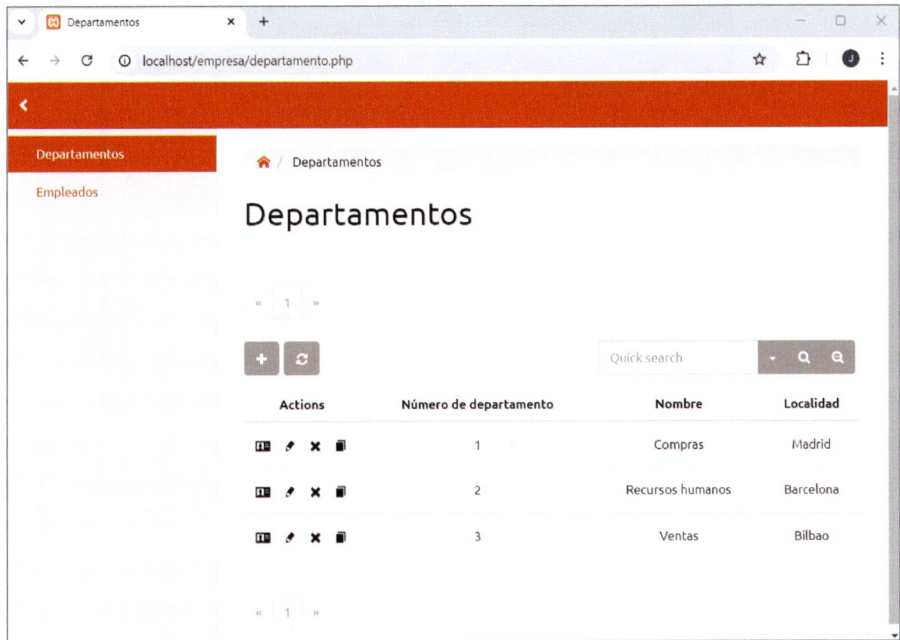

Figura 4. Visualización de formulario para la tabla *Departamento*.

En la Figura 5 se muestra el formulario correspondiente a la tabla *Empleado*.

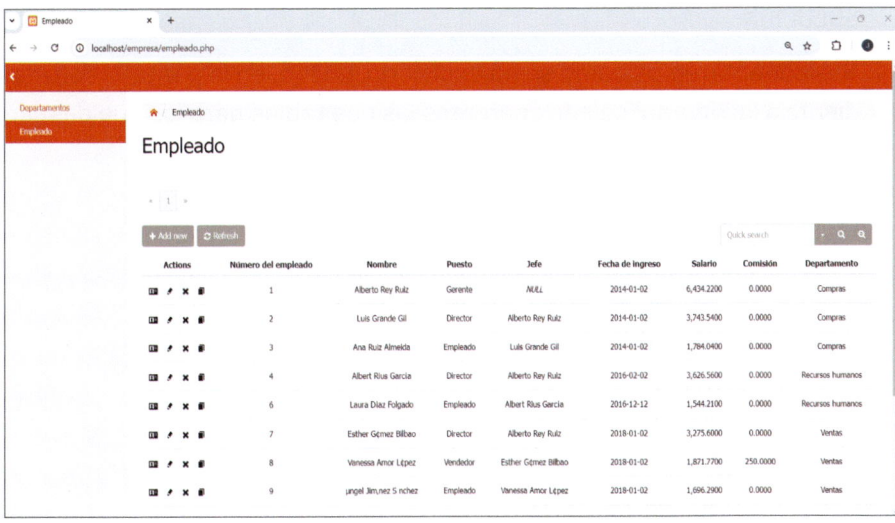

Figura 5. Visualización de formulario para la tabla *Empleado*.

Al hacer clic en el botón *Edit* para una de las filas de la tabla *Empleado*, se mostrará un formulario como el de la Figura 6.

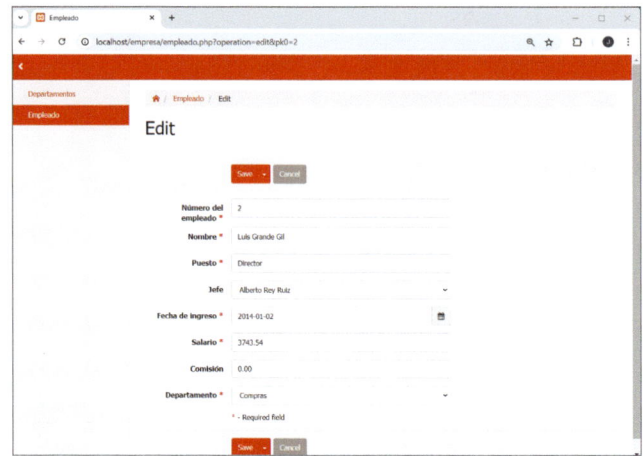

Figura 6. Edición de los datos de un empleado de la tabla *Empleado*.

Como se puede observar, para el campo *NumEmpJefe* (el que pone *Jefe*), en vez de aparecer un cuadro de texto para introducir el número del empleado jefe, se muestra una lista desplegable para seleccionar el nombre del empleado jefe. Se ha hecho algo similar con el campo *NumDep*: se puede seleccionar uno de los departamentos a partir de su nombre en lugar de tener que escribir el número del departamento en el que trabaja el empleado.

SOLUCIÓN:

Nos conectaremos como se ha explicado. Luego, en la pantalla correspondiente a la Figura 7 seleccionaremos las dos tablas para las que deseamos crear formularios (*Empleado* y *Departamento*).

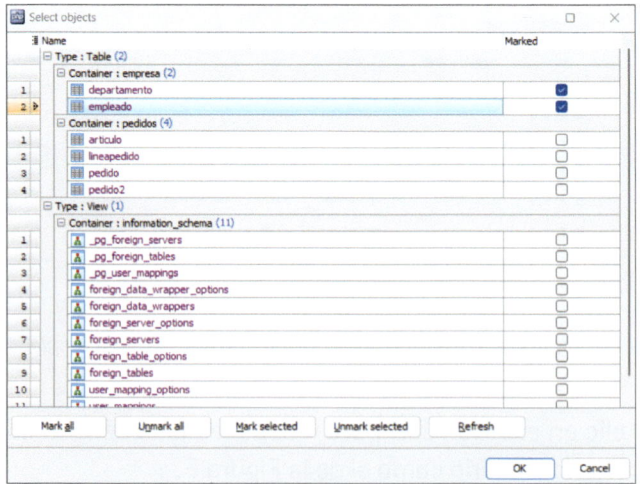

Figura 7. Selección de las tablas *Empleado* y *Departamento*.

Una vez indicadas las tablas, comenzaremos seleccionando la tabla *Departamento*. Para esta tabla elegiremos todos los atributos y cambiaremos la propiedad *caption* para *NumDep* y *NomDep*, por ejemplo, pondremos Número de departamento en vez de *NumDep* y Nombre en lugar de *NomDep*. Por otro lado, seleccionada la tabla *Departamento* haremos clic en el botón *Properties* para cambiar en la pantalla que se muestra en la Figura 8 el título y la etiqueta correspondiente al formulario. Pondremos en los dos casos *Departamentos* en lugar de *Departamento*.

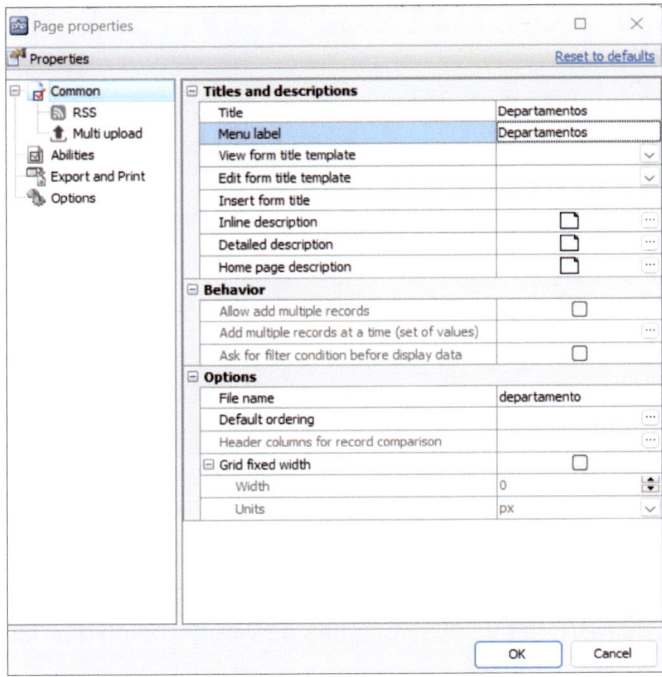

Figura 8. Cambio del título y etiqueta del menú para acceder
al formulario correspondiente a la tabla *Departamento*.

Luego seleccionaremos para la tabla *Empleado* todos sus atributos y cambiaremos la propiedad *caption* correspondiente a sus atributos para que sean más descriptivos, como antes. Además, prestaremos especial atención a los atributos *NumEmpJefe* y *NumDep*. Se muestran en la Figura 9 las propiedades correspondientes al atributo *NumEmpJefe*. Para este atributo, que hace referencia al jefe del empleado cuyos datos se están visualizando, deseamos que en vez de tener que introducir manualmente el número del empleado jefe (que es la información que se almacena en este campo en la tabla *Empleado*), se dé la opción de seleccionar el nombre de un empleado y se asigne su número de empleado (*NumEmp*) al atributo

NumEmpJefe correspondiente al empleado que se está visualizando. Por ello, para el campo *NumEmpJefe* en el formulario deberemos seleccionar la casilla de verificación *Use lookup*, en *Data source* tendrá que poner la tabla *Empleado*, en *Link field* tendrá que estar el nombre del atributo por medio del cual se establece la relación (*NumEmp*) y en *Display field* tendrá que aparecer el nombre del campo cuya información se desea mostrar en la lista de selección (*NomEmp*). Puede ocurrir que la aplicación ya haya seleccionado automáticamente estas opciones; si no es así, habrá que seleccionarlas manualmente para que aparezcan como en la Figura 9.

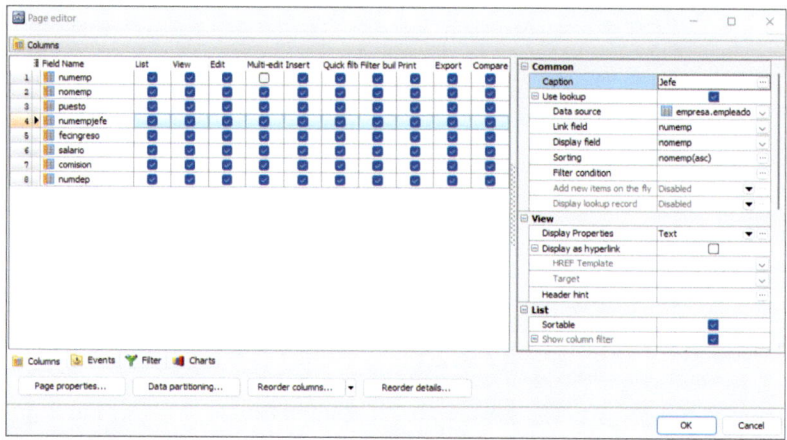

Figura 9. Opciones para visualización del atributo *NumEmpJefe* de la tabla *Empleado*.

Por su parte, para el atributo *NumDep* de la tabla *Empleado* haremos algo similar, de manera que sus opciones de visualización queden como las de la Figura 10.

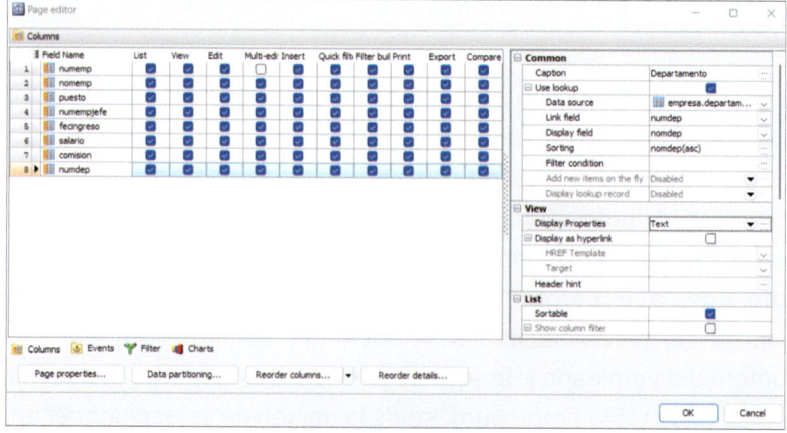

Figura 10. Opciones para visualización del atributo *NumDep* de la tabla *Empleado*.

También seleccionaremos las propiedades de la página correspondiente al formulario de la tabla *Empleado* para que ponga como título del formulario y como etiqueta del menú la palabra *Empleados* en lugar de *Empleado*.

A la hora de generar el formulario seleccionaremos una ubicación como la siguiente: c:\xampp\htdocs\empresa. Para visualizar los formularios escribiremos en la barra de direcciones http://localhost/empresa/depart.php.

2. Crea un informe para visualizar el contenido de la tabla *Empleado* del esquema *empresa*. Este informe deberá presentar el siguiente aspecto:

Salarios Comisiones

Departamento	Localidad	Nombre	Puesto	Salario	Comisión
Compras	Madrid				
		Alberto Rey Ruiz	Gerente	6.434,22 €	0,00 €
		Luis Grande Gil	Director	3.743,54 €	0,00 €
		Ana Ruiz Almeida	Empleado	1.784,04 €	0,00 €
Avg				**3.987,27 €**	**0,00 €**
Recursos humanos	Barcelona				
		Albert Rius Garc¡a	Director	3.626,56 €	0,00 €
		Georgina Ruiz Pl...	Empleado	1.661,19 €	0,00 €
		Laura D¡az Folgado	Empleado	1.544,21 €	0,00 €
Avg				**2.277,32 €**	**0,00 €**
Ventas	Bilbao				
		Esther G¢mez Bilbao	Director	3.275,60 €	0,00 €
		Vanessa Amor L¢pez	Vendedor	1.871,77 €	250,00 €
		¡ngel Jim¸nez S nchez	Empleado	1.696,29 €	0,00 €
		Sandra Rojo N£¤ez	Vendedor	2.222,73 €	400,00 €
		Mar¡a Galiano Lastra	Vendedor	1.520,81 €	900,00 €
		Pedro G¢mez Sanz	Vendedor	1.462,32 €	300,00 €
Avg				**2.008,25 €**	**308,33 €**

Figura 11. Visualización del informe *SalariosComisiones*.

Como se puede observar, aparecen los datos de los empleados agrupados por departamento, indicando por cada departamento su nombre y localidad, y mostrando por cada departamento los siguientes datos de sus empleados: nombre, puesto, salario y comisión. Los empleados dentro de cada departamento aparecen ordenados por nombre. Se muestran además los salarios y comisiones medias por departamento y, al final, el salario y la comisión media de todos los empleados de la empresa. Se deben cambiar, como en el anterior ejercicio, las descripciones de los atributos, para que sean más comprensibles.

SOLUCIÓN:

Para poder generar la información que se nos solicita en este informe, es necesario combinar dos tablas (*Empleado* y *Departamento*) porque necesitamos mostrar datos de empleados (nombre, puesto, salario y comisión) y de los departamentos en los que trabajan (nombre y localidad). Para ello usaremos la siguiente consulta:

```
SELECT NomEmp, Puesto, Salario, Comision, NomDep, Localidad
FROM empresa.Empleado E JOIN empresa. Departamento D
ON E.NumDep = D.NumDep;
```

Abrimos la aplicación *dbForge Studio for PostgreSQL*, seleccionamos la opción *Design New Report* en la pestaña *Data Analysis*. Elegimos la opción de crear el informe a partir de una consulta y la escribimos. Debemos agrupar por los atributos *NomDep* y *Localidad*, como se muestra en la siguiente pantalla (Figura 12).

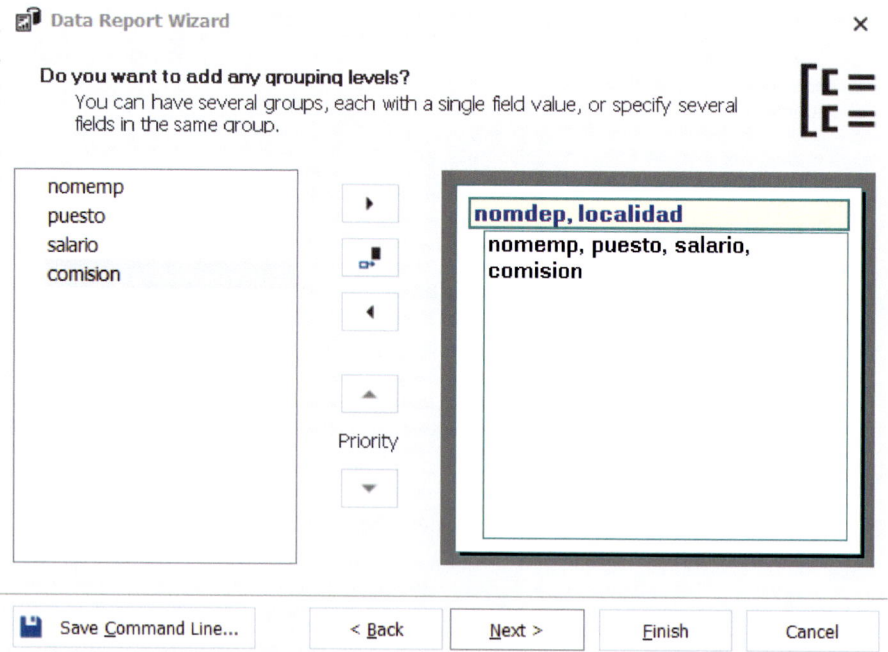

Figura 12. Selección de campos de agrupamiento para el informe.

En la pantalla siguiente indicamos que se muestren resúmenes (*Avg*) para los atributos *Salario* y *Comision* (Figura 13).

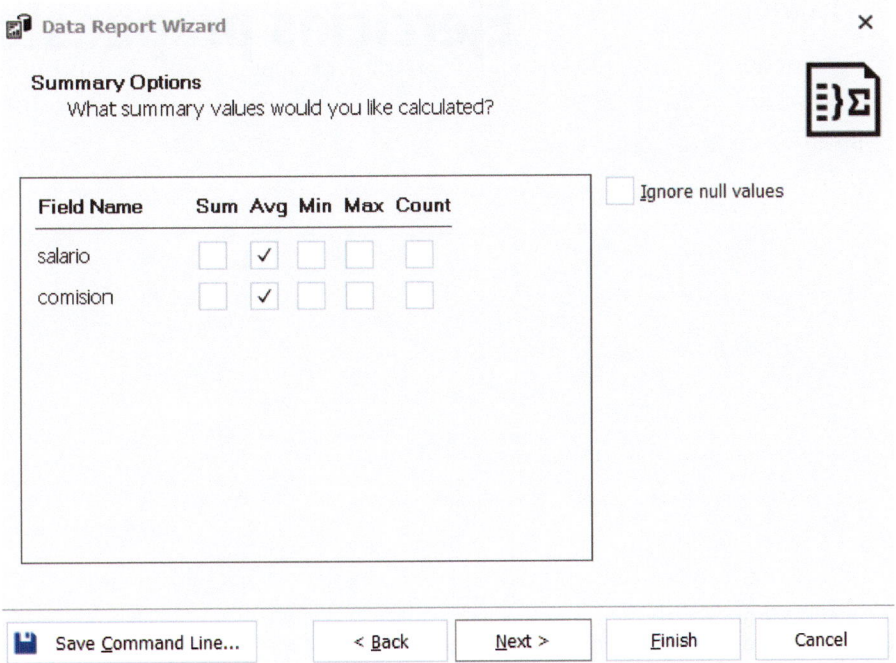

Figura 13. Selección de valores de resumen para el informe.

En la vista diseño cambiamos las etiquetas para aquellos atributos del formulario con nombre poco apropiado y generamos el informe.

Ejercicios propuestos

La sintaxis del lenguaje de programación

1. Crea una función que reciba el código de un artículo y devuelva el número de unidades que de dicho artículo han sido solicitadas en total en todos los pedidos.

2. Crea una función que reciba el número de un departamento y devuelva un número redondeado a dos decimales que indique el porcentaje que supone la suma de los salarios de los empleados de ese departamento en relación con la suma salarial de todos los empleados de la empresa.

3. Crea una función que reciba el número de un empleado y devuelva un número redondeado a dos decimales que indique el porcentaje que supone el salario del empleado en relación con la suma salarial de todos los empleados de su departamento.

4. Crea un procedimiento que reciba el nombre de un departamento y su localidad. Se debe insertar ese departamento en la tabla *Departamento* asignándole como número el que resulte de sumar 1 al número más alto de los departamentos de la empresa. Muestra un mensaje que informe acerca del número del nuevo departamento.

5. Crea un procedimiento que reciba dos números enteros tal que el segundo de ellos sea mayor o igual que el primero y se encargue de sumar todos los números pares entre ellos dos. En caso de que el segundo número sea menor que el primero se mostrará el mensaje: «El segundo número debe ser mayor o igual que el primero».

Programación de módulos de manipulación de la base de datos: paquetes, procedimientos y funciones

1. Crea un procedimiento que muestre los siguientes datos de empleados: nombre, puesto, salario y comisión. Solamente se deberán mostrar los datos de los empleados con menor salario. Además, se deberán mostrar solo los datos de tantos empleados como indique el número recibido como parámetro.

2. Crea un procedimiento que muestre para los tres empleados que más comisión cobran, su nombre, salario, comisión y el porcentaje que supone su comisión en relación con su salario.

3. Crea un procedimiento que reciba el número de un departamento y su nombre. El objetivo es asignar al departamento con el número recibido como primer parámetro el nuevo nombre recibido como segundo parámetro. El procedimiento deberá encargarse de realizar tal modificación, informando de si se ha podido llevar a cabo. Hay dos motivos por los cuales puede no ser posible llevarla a cabo: 1) porque no exista ningún departamento con el número recibido como parámetro, 2) porque no se le puede asignar el nuevo nombre debido a que ya hay otro departamento con ese mismo nombre (ten en cuenta que el nombre de los departamentos es único). Si se produce cualquiera de estas dos situaciones, se deberá mostrar un mensaje de error significativo.

4. Crea un procedimiento llamado *CambiarSalario* que reciba el número de un empleado y el nuevo salario que se le quiere asignar. El procedimiento intentará asignar el empleado el salario recibido como 2.º parámetro, pero se pueden producir dos errores: 1) Si no existe ningún empleado con el número recibido como parámetro, se debe mostrar el mensaje «No hay ningún empleado con el número XX». 2) Si se le intenta asignar un salario incorrecto (que incumple la restricción de verificación asignada al salario), se debe mostrar el mensaje «No es posible asignar el salario YYYY,YY €». Si se puede llevar a cabo la modificación, se deberá mostrar el mensaje «Al empleado número XX se le ha asignado un salario de YYYY,YY €».

Herramientas gráficas de desarrollo integradas en la base de datos

1. Crea un informe para las tablas *Empleado* y *Departamento* del esquema *empresa*. Se quiere mostrar en este informe por cada departamento (identificado por su nombre) y por cada puesto, el número de empleados que desempeñan ese puesto en cada departamento. El aspecto del formulario debe ser el siguiente:

Empleados por dpto y puesto

Departamento	Puesto	Nº empleados
Compras		
	Director	
		1
	Empleado	
		1
	Gerente	
		1
	Suma	**3**
Recursos humanos		
	Director	
		1
	Empleado	
		2
	Suma	**3**
Ventas		
	Director	
		1
	Empleado	
		1
	Vendedor	
		4
	Suma	**6**
Total		**12**

Figura 1. Visualización del informe que muestra el número de empleados por departamento y puesto.

Bibliografía

Elmasri, R., y Navathe, S. B. (2007) *Fundamentos de Sistemas de Bases de Datos.* Pearson Educación. Madrid.

Silberschatz, A.; Korth, H. F., y Sudarshan, S. (2002) *Fundamentos de bases de datos.* McGraw-Hill. Madrid.

Páginas web

The PostgreSQL Global Development Group (s.f.). *PostgreSQL 16.3 Documentation.* https://www.postgresql.org/docs/16/